在記憶治療中，
我必須作出抉擇：
我是否容許過去的傷害控制我，
繼續令自己以自我中心的方式生活，
抑或讓聖靈所賜的平安喜樂
掌管我的未來？
重新檢視一個又一個的記憶，
並將它們交給聖靈，
過去的傷害
將不能再主宰我。

——丹尼斯．林
馬修．林

Healing of Memories

記憶治療

——心靈治療的禱告

基道出版社

▼

靈修著作精選 • 操練系列

記憶治療

心靈治療的禱告

Healing of Memories

作者
丹尼斯 · 林 Dennis Linn
馬修 · 林 Matthew Linn

譯者
方林偉

責任編輯
張小鳴

裝幀設計
郭曉勤

■

出版 / 發行
基道出版社
香港沙田火炭坳背灣街 26 號富騰工業中心 10 樓 1011 室
LOGOS PUBLISHERS
Unit 1011, 10/F, Fo Tan Ind. Centre, 26 Au Pui Wan St., Shatin, Hong Kong
電話：(852) 2687-0331 傳真：(852) 2687-0281
網址：https://www.logos.com.hk

承印
陽光 (彩美) 印刷有限公司

●

5/1998 初版 9/1998 二版 1/2000 三版 2/2005 四版
Cat. No. LP735-4A
ISBN-10: 962-457-133-3
ISBN-13: 978-962-457-133-2
Original Edition "HEALING OF MEMORIES"
Published by Paulist Press, U.S.A.

Printed in Hong Kong

刷次	14	13	12	11	10	9	8	7	6	5
年份	2030	2029	2028	2027	2026	2025	2024	2023	2022	2021

目錄

導　言

「我竟作我所不願意作的。」（羅七15意譯）自我們第一本著作《記憶治療》面世以來，先後在四十個國家都聽見保羅悲鳴的回響。無論我們身處甚麼地方，都能發現人們抱怨一些改也改不掉的陋習，如暴食暴飲、抽煙或吸毒、性陷溺、暴躁、受排斥和負面的自我形象、消沈或憂鬱、因深層恐懼而不敢冒險，或是慣性犯罪。有些人身為父母，竟重蹈自己父母的錯誤，以致傷害子女，正如當年自身所受的一樣。那些虐待孩童的人，自己往往就是被虐者。

為甚麼會這樣呢？我們有太多理由解釋自己為甚麼作了所不願意作的，不過，我們傷害自己或他人的普遍原因是，有人傷害了我們。還記得電影《甘地傳》（*Gandhi*）嗎？一九四七年，英國撤離印度，回教徒遷往巴基斯坦，印度教徒則移居印度，造成了永無止境的流血局面。甘地誓言，除非印度教徒和回教徒平息干戈，否則就絕食至死。在絕食期間，一個半瘋狂的人懇求甘地搭救他：「我要進地獄裏了。」甘地回答：「只有神才能判定一個人下地獄，何必咒詛自己下地獄呢？」這印度人混身發抖，控訴回教徒殺害了他的幼兒；為了報復，他找著了第一個遇上的回教徒嬰孩，把他摔死牆上，所以他必下地獄無疑。

甘地滿有感情看著他說：「還有擺脫地獄之途，有很多孩童在暴亂中失去了父母，你去收養一個與你兒子年齡相若的孤兒，但你必須肯定那是回教徒的孩子，並須以回教徒的方式養育他。」那傷痛的父親掙扎著，接著在甘地的足前倒下，祈求藉著寬恕重拾力量脫離地獄之火。數週後，因著甘地的啟發，印度教徒和回教徒走進廟宇，彼此誓言互相寬恕，仇殺就在當晚終止了。甘地深知寬恕能醫治個人以至整個國家所受的傷害。當人和國家受傷害，他們就傷害他人或他國；當他們願意寬恕，人和國家就都得著醫治。

寬恕往往是有醫治果效的，但絕非易事。我們曾遇過的一位修士湯馬斯神父（Fr. Thomas），曾目睹家人朋友因希特拉而受盡苦難，他因此參與了一次刺殺希特拉的行動。湯馬斯神父被捕後獲判死刑，可幸於死刑執行前戰爭結束，他重獲自由。然而他的心靈卻未得自由。湯馬斯神父在三十年後參加我們的記憶治療時，只能在理性上寬恕，心底裏仍切切痛恨希特拉。在聖餐中，我們請求十架上的耶穌將祂的話放在我們心內：「父啊！赦免他們，因為他們所作的他們不曉得。」我們也請求耶穌幫助我們體驗需要被寬恕者的內心世界——他的傷痛、恐懼和一切驅使他傷害別人的事情。湯馬斯神父非但沒有對這些事生出憐憫之情，反而只感到希特拉的鐵石心腸。之後，耶穌讓他看見自己的內心，那顆三十多年不能寬恕的心，正如希特拉的一樣剛硬。湯馬斯神父為自己的硬心落淚時，他體會到耶穌的愛，即使他如此心硬，祂仍呼召他當修士。就在那時，他感到，即使希特拉沒有任何改變，耶穌同樣愛希特拉。正當湯馬斯神父在心中與耶穌一起為希特拉禱告，他發覺自己三十年來首次能毫無痛楚地挺直腰板。耶穌已給予湯馬斯神父力量去寬恕，且從他背上除去了希特拉。那因希特拉殘殺親友而來的椎心傷痛，變為一種憐憫的恩賜，讓他能服事東京的無家者，特別是那些無親無故、且常遭暴虐的受害者。任何被醫治的傷害，都能叫人得著恩賜去醫治他人。

聖靈醫治的能力不僅能臨到修士身上，甚至能臨到頑梗的囚犯。多年來，位於墨西哥提珠安娜市的拉美莎州立監獄內有最猖獗的毒幫橫行，暴力無日無之。然而，七年前安東妮雅修女（Sr. Antonia）要求住進這所監獄，好讓她接近她的「孩子們」。那些囚犯就是她的「眾子」，他們稱她為「母親」，因她有母親般的心腸，視每一個囚犯為與眾不同的兒子。我探望她時，她停下來微笑著說：「這是我的兒子約翰。看他強壯的手，他就是用這雙手為我建造居室，並常幫助有需要的人。」約翰報以微笑，就像幼稚園學生第一次在試卷上得到金星獎一樣。安東妮雅修女和約翰都已經忘記了，這雙手曾經一直強姦並勒死受害人，直至這「母親」愛這成人約翰裏受傷害的小孩，並使他成為她「兒子」時才告終。

受傷害的囚犯一旦得著愛，能看見自己的才華時，安東妮雅修女就進一步醫治他們受傷的記憶。他們甫一感受到愛，她就挑戰他們與耶穌一同寬恕那些曾傷害他們的人。她答應，若他們能寬恕強暴他們女兒的人，或準備要殺他們的人，那麼耶穌也要饒恕他們所犯的一切（路六37），並幫助他們終止那暴行的無休止循環。她有時會為他們禱告，希望他們能接納耶穌的寬恕，並寬恕別人；她有時會吩咐他們說：「去告訴神你已經後悔，並決不再用這雙手傷害他人。」耶穌的確聽了這些禱告，因為在她與這羣頑梗囚犯同住的七年內，他們的心被溶化了。他們獲釋後沒有照從前的脾性進行報復。囚犯告訴我們：「自從安東妮雅修女來了以後，在獄中比在外面更安全。我們成了一家人。我或許是在監牢裏，但我是自由的，因我不再仇恨了。」

自從那次聖灰星期三（Ash Wednesday，編按：該日有以灰抹額以示懺悔之傳統）安東妮雅修女把獄吏和囚犯召集在一起之後，他們彼此之間更為融洽。她請獄吏在紙上寫下曾傷害他們的囚犯名字，又請囚犯同樣寫下獄吏的名字。接著她講述耶穌如何在十架上寬恕那些粗暴待祂的人，並祈求他們內心有寬恕。然後，她邀請所有人首先讓耶穌幫助自己去寬恕名字在紙上的人，跟著燒掉紙張，作為釋放心中仇恨的象徵。最後，藉著獄吏的紙灰，她以耶穌寬恕的愛來祝福囚犯，也用囚犯的紙灰來祝福獄吏。自那個寬恕傷害的日子起，監獄充滿了和平，每個禮拜天都成為慶祝新生的日子。

不單囚在水泥牆壁中的人，甚至連飽受精神病牢籠的人也在尋找新生。基督徒治療專業人員學會約有二千名會員在專業治療程序，如用藥、輔導、精神治療等方面加入禱告。大部分會員發現，不單治療能更深入，為病人祈禱時，治療所需的時間似乎縮短了三分一，特別是他們祈求耶穌以深邃的愛與恕去醫治求助者的記憶時，尤見功效。這學會的期刊《基督徒治療》（*Journal of Christian Healing*）（任何人均可訂閱）報道了祈禱與專業治療的整合，受助者再沒有說：「我作我所不願作的。」而是說：「感謝耶穌，我自以為永遠也不能作的事，現在竟能做到了。」

6　記憶治療

1. 治療能力

試想像你全身冒汗，空氣既濕又重，呼吸困難。你正參與蘇族（譯按：北美印第安人一族）的汗棚祭，一個感恩與寬恕並重的祭禮[1]。在一個圓頂棚屋的中央擺放著十四塊火紅的石頭，巫醫剛在其上澆過水。沸騰的蒸汽滲透你全身，就像赤足站在太陽烤得火燙的人行道上。

汗水自你身體源源不絕地滲出時，巫醫就會為四足走獸、鳥人和兩足無翼動物感謝上蒼。你常會聽見蘇族人以 *Mitakuye Oyasin*（音譯為麥他古也．奧也辛，意即讓所有生命和物質合為一）結束禱告，這句話同時有力量開啟汗棚之門。感謝禱告後，你會與巫醫一起向上蒼祈求：為交惡的鄰舍、反目冷戰的兒子，也為政府與印第安人在受傷膝頭（Wounded Knee）的爭論。

為這些親屬感恩，又為各種原因所造成的關係緊張求寬恕之後，你開始向你旁邊的人吹氣。你會感到一股清涼之氣自你身體某處釋出。假若你有頭痛，你發覺這股涼氣會盤繞著你頭部；若有情緒低落，那麼就在心房；如果畏懼說話，就在嘴唇。這股使人精神一振的涼風象徵著一個意念，寬恕開始展開醫治。

我第一次聽聞汗棚祭的事時，我想得著醫治是罕有的，自忖這不過是原始的迷信而已。多年在精神科診療所當治療師，又帶領多次的退修和工作坊之後，我發覺這種祭禮不產生醫療功效才怪，不論那是生理、精神或靈性的問題。我曾見過不少人垂頭喪氣到心理治療診所求助，他們的生理症狀無所不包，竟逐一因著饒恕父母而復原。我也目擊無數參加退修的人，因著饒恕自己、鄰舍，甚至是神，因而能以一種他們做夢也不曾想到的方式回應神的呼召。在過去五年，神清楚向我吶喊：寬恕帶來醫治。

然而，我們有多少次對寬恕的爭持，不論在懺悔或禱告之中，最終能帶來改變的呢？我們走了第一步，卻不能向一個更好的自我、向神、向我們的鄰舍開放；頭痛、情緒低落的周期，自我表達的恐懼仍然纏繞我們，窒息我們的生命。

我們怎知道神定意要醫治我們，抑或讓我們處於軟弱之中，好使我們更親近祂呢？答案是我們必須能分辨，這病到底使我們以神為中心，以鄰舍為中心，抑或變得更自我中心。若我們變得更為自我中心，則顯明神要施行醫治了。

例如一個傷殘的朋友夜以繼日的來電，需索苛求無度，像全世界都虧欠了他，要服侍他似的。神極想醫治這種自我中心。但一位耶穌會教士因失明而加倍留心傾聽神的話，神若極渴求醫治他，我就感到困惑了。那種傾聽的能力使他成為一個出色的靈修導師，他可以老練地分享神如何在黑暗中挽著我們的手，引領我們。基督或許容讓他失明，因祂能透過他的失明作工。

基督教並非無痛的宗教，她反倒呼召人分擔基督的苦難。我們經歷苦痛，傳達神的愛，不光是靠講述耶穌為耶路撒冷哭泣，又或十二門徒四散逃竄。若我們要傳講神的話，我們也當受苦。我們會被忽略、憎恨，甚至無枕首之處（太十 16；約十五 18）。我們並非為脫離苦難而禱告，我們要求的是減少自我中心，更多以基督為中心。

這豈不是正常基督徒生活的寫照嗎？我們希望能如此行，卻發覺事與願違。我們期望開放自己、分享生命，但卻發覺自己自我封閉，活得儼如自我主義者。我們跌倒了，就像保羅悔改前一樣：「我所恨惡的我倒去作。」（羅七 15）

保羅並非指出一條基督徒必經之路，相反，他以角色扮演來顯示一個不依靠聖靈、卻依靠律法而活的人的無能。羅馬書第八章描寫的，正是一個基督徒應有的經歷，其中提及新造的人、向罪死的人和自由人。這種自由需要聖靈的參與，因律法只顯示錯誤，惟有聖靈才給人內在的能力去改正錯失。

> 弟兄們，這樣看來，我們並不是欠肉體的債去順從肉體活著。你們若順從肉體活著，必要死，若靠著聖靈治死身體的惡行，必要活著。（羅八 12-13）

作為一個人，我們起初會自我中心地行事；作為基督徒，我們將自己獻給基督，藉著聖靈的大能，擺脫我們的罪性。基督以最大的誡命來挑戰我們去愛神和鄰舍的時候，祂不是以主人的身分，在一隻繫著鏈的狗面前三呎的地方放下骨頭；祂不會叫我們做不可能的事。稅吏、妓女、彼得和盜賊，還有更多人都能大聲的見證，基督帶著醫治能力的寬恕改變了他們，使他們能夠在神呼召的時候去愛神、愛鄰舍和愛自己。

Pneuma 在希臘文裏不單解作「靈」，同時又作「風」、「呼吸」和「氣」。對基督徒來說，天父賜下 *pneuma* 以賦予我們新生，使我們成為新的創造。寬恕就是那醫治的 *pneuma*。然而，很多時候，基督徒都沒有經歷醫治。既是這樣，我們又如何能歡慶悔改的聖禮，以經歷醫治、更新、一種可見的改變，正如彼得和十架旁強盜所經歷的一樣呢？一個我們稱之為記憶治療的過程，正好讓我們好好預備，以進入悔改的聖禮和具有治療果效的深度寬恕[2]。

討論問題

（注意：這些討論問題旨在引發思考，也許不會有簡明的答案。）

1. 基督是否醫治每一個求助的人？

2. 每一個基督徒是否都必須經歷「我所恨惡的我倒去作」（羅七 15）的經驗？

3. 你認為認罪怎樣才能變成更豐富的醫治經歷呢？

2. 記憶治療：到底包括些甚麼？

去年，在精神治療診所忙了整週之後，我退下來休息並退修。在退修中，我問了自己一個問題：「你在甚麼時候感到與神最親近？」很多答案都離不開朋友去世、或寂寞、或受到不公正的指責。這使我吃驚，因為這些驅使人親近神的原因，與那些驅使人到精神診所求助的原因十分相似。

我開始察覺，我們可以對每一刻有兩個不同的看法：一是引導我們向神、向鄰舍和自己開放；一是引導我們走進死胡同，最終要向精神治療員求助。就拿摯友去世做例吧！這可導致我們長久向神懷怒。分離之痛可使我們拒絕向他人較真摯地開放。相反，死亡帶來的孤寂，只有靠著與神深厚的個人關係，才能得著滿足。死亡會教我們重新欣賞生命，並渴望與鄰舍分享這洞察。

我們已在聖靈的光照下，對記憶有新的體會。我們重新回憶的時候，我們心中充滿祂的愛、平安和喜樂。在記憶治療中，我們選取那些殘害我們的記憶，放在聖靈的亮光下來檢視。

聖經常常提及記憶治療。以色列人經常重溫他們為奴和曠野的經歷，並能感受到，就在那些淒慘的處境中，他們更緊靠耶和華。讓我們思想約瑟被兄弟賣為奴僕的故事（創四十五）。那被出賣的經歷，絕對可以把約瑟幽禁在報復、苦毒和不信任之中，以致他兄弟來乞求食物時，他可以斷然拒絕。然而，約瑟醫治了那記憶。他能夠回望，並看見他被賣作奴隸時所包含的救贖意義——被送往埃及，好使日後能供應以色列的需要。

新約作者也詰問我們看事物的方式。我們能否視亞當為基督、十字架為復活的記號？基督所講述的浪子故事，豈不正舉例說明了整本聖經從神的角度看記憶的掙扎，以致記憶不再是烙印（路十五 11）。大兒子和父親一同回望前事：小兒子要求分得自己的家業並離開父親。此際父親回望過往，同時看著面前的兒子說：「好啊！我兒成長了，他索取金錢，遠走他方，然而他所得著的成長，這裏是無法培育的，讓我們宰肥牛犢來慶祝吧！」另一方面，大兒子回首往事時，只記起弟弟拂袖而去，留下所有工作由他承擔；他疲累得要命，對這慶祝憤慨莫名。這記憶正戕害大兒子並激起他的忿怒，同一的回憶卻教父親充滿盼望，享受聖靈所賜的平安喜樂。

在當下，我不得不為過去一段日子感謝神，祂賜我牧養的職分和寫作的能力，以講述祂對我並身邊的人的撫摸。當我求問主甚麼地方需要醫治的時候，祂吩咐我多些分享，不光是藉著寫作，還要活出生命中的不同層次。

很多往事都教我難於啟齒。舉例說，其中一項就是我與弟弟在學業成績上的競爭。這使我難於與同窗分享困難。這種根深柢固的競爭思想，今天仍使我難於承認自己的無知、較難從他人的洞見中獲益，又或是不能分享個人經歷。若這些不能得著痊癒，我就難以寫作，更不要説完成這本書了。

我極度渴求醫治之後，就可以求神挪去因嫉妒而競爭的脾性，繼而能夠進一步分享聖靈裏的愛和平安。除了求基督醫治外，我不再視這些傷痛記憶為戕害生命的負面影響；反而檢視它帶給我的恩賜與才能，這對我很有幫助。例如，同一的競爭衝動促使我作更多研究，也使我衷心感謝神給我智慧和寫作能力。神的愛這裏一點、那裏一點的匯聚著，在在賜予我成長和更新的能力。

在記憶治療中，我必須作出抉擇：我是否容許過去的傷害控制我，繼續令自己以自我中心的方式生活，抑或讓聖靈所賜的平安喜樂掌管我的未來？重新檢視一個又一個的記憶，並將它們交給聖靈，過去的傷害將不能再主宰我；相反，聖靈自由釋放的大能卻將掌權。

我安靜下來思想神怎樣在聖經中施行記憶治療時，漸漸知道神在我生命中採用相同的模式。真的，神可以立即把人治癒，但我發覺祂常常藉著我並吩咐我去：

1. 感謝祂給我的恩惠；
2. 詢問自己裏面有甚麼是祂希望醫治的；
3. 向基督分享一個不能得著醫治的痛苦記憶；
4. 與基督一同挪去造成自我封閉的那些傷害、憤怒或其他情緒，並讓祂把聖靈裏的愛灌注在自己裏面，幫助我像祂一樣去寬恕那些造痛苦記憶的人；

5. 化痛苦記憶為感謝，繼續與基督一同挪去傷痛，並接受聖靈的愛；
6. 為神所施的治療感謝，並想像自己配合祂治療的方式行事。

聖靈指出甚麼記憶需要醫治時，我會重複以上所有或部分步驟。隨後六章會因應每項步驟作出建議。

討論問題

1. 你能否找出約瑟的故事（創四十五）和浪子比喻（路十五）之間的相同處？

2. 讀路加福音二十四章13~35節。基督怎樣醫治這些逃命門徒的痛苦記憶？

個人反省

1. 你曾否醫治痛苦的記憶？當中包括甚麼程序？

3. 為我們的恩典感謝神

當一個狂徒向米開蘭基羅（Michelangelo）的聖母憐子雕像多番重擊，舉世都為此驚震。一如所料，數位世界頂尖的藝術家聚首一堂，修補這變了形的藝術傑作。

雕塑家抵達意大利後，沒有立即開始修補那損毀的面容，相反，他們花了數個月時間，單單看著那個雕像，輕撫它的線條、欣賞每一部分所散發的既傷感又叫人迷醉的感覺。有些專家更花上多個月研究某一部分，如雕像的手，直至他們愈來愈能以米開蘭基羅的目光來看它，甚至能像這位大師般感受並雕塑這作品。他們開始修補面部時，他們對那損毀作品的感傷，差不多與米開蘭基羅無異。

並非米開蘭基羅，而是神那鬼斧神工的手，把我們由塵土化成傑作，所以人的價值遠遠超過聖母憐子雕像（創二7）。我們不用訝異，神恆常修補我們——我們自我扭曲的時候，祂已經開始重新塑造我們。

我們祈求醫治的時候，不應該倉卒行事；相反，要像我們的雕塑者般認識自己。若我們不知道自己價值無限，根本就不明白所需的醫治有多迫切。即使是自我中心的最微小一擊，也足以比聖母憐子雕像的任何損毀都嚴重。「我們原是祂的工作，在基督耶穌裏造成的，為要叫我們行善，就是神所預備叫我們行的。」（弗二10）當我們能為神所賜的一切恩惠感謝，就不再從自己的角度看自己，而是從神的角度。我們若能看見自己的寶貴，那麼便知道自己何等需要治療，以致能成就我們的雕塑家的期盼。

聖經能幫助我們從創造者的角度來看自己，例如創世記中創造的記載顯示了神何等重視我們，甚至以「神的形象」（創一27）來創造我們。為了能清楚我們是按「神的形象」受造這事實，我們不妨用禱告的心來仔細欣賞自己的感官或身體某部分，正如神那樣欣賞。

舉個例子，我們不妨肅然起敬，以雕塑家看聖母憐子雕像的目光來看自己的手，持續安靜一分鐘；接著探索這手的獨特性，以致可以從千百頁手的圖片中輕易發現它。最後為此向神感謝。

但我們單為手這樣的恩賜而感謝神仍是不足的，除非我們還感到這手怎樣賜福他人。耶和華跟其他雕塑家不同，祂活在自己所造的人當中。要明白神怎樣使用我們的手去祝福他人，我們需要回溯，思量其他人的手過去曾怎樣祝福我們。我覺得要了解他人如何施恩於我倒容易，但要看自己曾如何造福他人就有困難了——耶和華如何能使用我去觸摸他人呢？但是，在我掌握這點之前，我只不過是用極有限的視域來看自己，而不是採用創造主的目光。

聖經中有關聖靈恩賜的教導，幫助我們從另一個方向發現我們所得著的、意味深長的恩惠（加五 22；彼後一 5~7）。在這些和平、忍耐、愛和恩慈的時刻當中，我們能以神的心去感受和行事。這些聖靈的恩賜幫助我憶起，某人曾饒恕我，與我分享與神同行的經歷，又激發我為所屬羣體有更大的投身；與此同時，這些事件也使我記起，自己曾同樣多次賜福他人。

集中思想我們所得的祝福，聽起來好像一次真正的自我之旅，然而，我們並非為了自吹自擂，乃在高舉我們的創造者。回憶這些祝福之時，我們正同時重整自己的信仰歷史，就像耶利米和以賽亞經歷人生關鍵時刻一樣。

我們捕捉更多自己身上美好的事物，就更能收拾碎片殘塊，並重塑神心目中的我們。故此，我們祈求祂醫治的時候，不是要看自己手上的碎片殘塊，乃是要看自己為傑作。這樣，我們就預備好了，可以求問神想要如何重整我們，好叫我們知道怎樣參與祂的藝術創作。

討論問題

1. 一個不愛自己的人能愛神嗎？

2. 你怎樣能為神所賜予的才能、祝福等感謝，而不落入自我之旅呢？

3. 神對我們的修理，跟聖母憐子雕像的修補比較，有甚麼異同之處？

個人反省

1. 完成第 97 頁的神愛的圓形。

2. 有沒有一件事最能令你感受神的愛呢？之後又有甚麼感受？你的經歷是否如加拉太書五章 22 節所描述的？

3. 另一個更大的挑戰是完成在第 98 頁的分享神愛的三角形。

4. 基督要醫治甚麼？

有時，我或會因錯誤的原因求醫治——為滿足他人的期望，或只求減輕張力，卻並非因基督要我得著醫治。祂來是要與我們做朋友，任何妨礙這親密關係的事物，基督都要醫治（約十七21）。當我從基督的觀點出發，便會發現我的創傷正促使我和其他人遠離基督。

舉例說，我常常不信任人。我求神醫治懷疑這壞習慣時，斷不應因我對自己失望，或這習慣惹怒學生。醫治必定是以基督為目的，正如在我教學時，最大的悲劇並非是我與學生的關係受到破壞，而是我和學生都愈來愈難信靠基督。

我必須分享一個醫治的經歷。我手上有一張便條，是準備給我部門一位常常遲交報告的女士，她的行為使我非常苦惱。我寫下這張充滿報復字眼的便條。但經過反省，我知道那便條會拆毀我與神的關係，也會破壞她的。我撕毀那便條，不再容許傷害的語句留在心中。

從基督的觀點看醫治的時候，我這位朋友發覺她需要在嘲諷人這事上得醫治，這不單是為了能與同部門的另一位成員相處更融洽，最終是為著他倆同時能與主有更佳美的關係。

當我用心中的耳去聆聽基督，我常能聽見基督想醫治甚麼。當我正在完成基督的旨意，而我的出發點是指向祂，我的心能感受到平安、喜樂、順服和愛。若我感到混亂、焦慮、傷心或內心掙扎。我知道撒但在攻擊我，而基督必醫治這部分。

每當我回顧一整天的生活便發現，當我不能跟人分享他成功的快樂，又或疏遠那些想幫助我的人，平安便會消失。在學校裏，當我不再享受教學、為預備測驗而太忙，又或不能完全投入討論和代入他人的經驗，我就會混身不自在。在這刻，我已失去了平安，因我只想盡快完成此書，而非在其中享受寫作與發現的驚喜。不過，我可以回顧一天的生活，省察何時開始失去那種深邃的平安、忍耐和喜樂，以及何時沒有與基督親近。

基督指出祂渴望醫治的地方後，我會祈禱求問祂，我與祂疏遠的時候，到底最常出現的是甚麼態度。以我為例，祂使我注意到，我經常要證明自己的價值。當我開始為他人的期望而活，而非為祂時，我和祂之間的友情就漸逝了。

我發現導致行為不當的原因之後，我會和祂討論，看自己是否真的渴望得著醫治。這正像那觸摸耶穌、血漏病得治癒的婦人（路八40）。縱然很多人在人潮中同樣觸碰到耶穌，卻沒有人宣布自己得醫治。今天的聖禮神學強調，耶穌的能力並非在於神奇的觸摸，而是視乎接受者內心的渴望程度[1]。不管是二千年前，或聖餐中，抑或求醫治的禱告中，只要我們渴求醫治，基督便施行醫治。

我真的渴望痊癒嗎？那浪子最終說他需要醫治，即使那意味著他不再是兒子，而是一個奴僕（路十五19）。我願意付出他所付的代價嗎？例如，我是否可以不再重視別人的看法？這意味我要放棄加諸我身的榮耀、別人的讚賞、他人需要自己的感覺，或成就遠不及某人的懊惱。如果我能夠說：「我願意，無論任何代價，我要得著醫治。」那我便可以採取下一個步驟。

不過，若我不能說「我願意」，我仍會祈求，讓醫治的渴望重燃。當我為神過往在我身上所賜予的福分和醫治不住禱告，很多時就能重拾盼望。到了這地步，我接著必須清楚知道自己的罪性及其擴散的方法。我對名聲及權力的渴求不斷重複和擴大，演變成戰爭、經濟霸權主義，和其他悲慘處境。我緊隨上主，直至我最終能夠說：「無論代價如何，我渴望祢醫治我。」

若我能說「我願意」，接著必須為類似的基督醫治我的事情感謝。當我為過去的醫治感謝上主時，我原來正分享著基督的禱告。祂對我生命中一些仍未向神、鄰舍和自己開放的範圍充滿期望。

「父啊，我感謝祢，因為祢已經聽我。我也知道祢常聽我……」說了這話，就大聲呼叫說：「拉撒路出來！」那死人就出來了，手腳裹著布，臉上包著手巾。耶穌對他們說：「解開，叫他走！」

討論問題

1. 所有的罪是否不單傷害犯罪者，也會傷害他人？

2. 每一項傷害他人的罪，是否同時損害犯罪者與基督的關係？

3. 所有罪是否都有「利益」，以致罪顯得更吸引？

個人反省

1. 今天有甚麼感覺浮現過後又消逝的呢？為甚麼？

2. 基督希望醫治你心裏面的甚麼？

3. 若要得醫治，你要放棄甚麼「利益」？

5. 讓基督分擔痛苦記憶

刺客的子彈穿過甘乃迺總統的頸部之際，狄克·布朗（Dick Brown）近在咫尺。子彈並沒有射中布朗先生，但自那達拉斯（Dallas）的不幸日子起，他就常常被那達拉斯的惡夢驚醒，頸部且有刺痛。

痛苦的記憶不單在肉體上，也在心理上損害我們。我的一位朋友在中學時期，因一個錯誤的答案被取笑，差點兒自此就不能說話。

由認罪到肉體和心理的痊癒，我們為著醫治所承認和揭露的不止傷痕，也包括造成創傷的事物[1]。當我們承認並非依照耶穌的期望說話，只是提及傷痕而已；但當我們承認不能饒恕當年在學校取笑過自己的人，我們正觸及原因。

一名母親承認自己一次又一次難以忍受兒子，一名妻子從不幹家務，一名丈夫一直否定妻子；但他們先要對付那些驅使他們如此行事的往事，真正的醫治才會臨到。

那位母親發現自己對孩子最不耐煩的時候，就正是朋友到訪之時，這樣她明白到她並非那麼對兒子不耐煩，只是害怕兒子的表現不符朋友的期望而受排斥。當她與基督一同回到從前被排斥的往事中，並且效法基督去赦免傷害她的人，她發現自己不再被排拆的懼怕所威嚇，反而對兒子更有耐性。

一名情緒低落的妻子一直埋怨自己不能盡家務本分，在回想她何時落得如此光景的時候，她發現這循環是九年前的一次流產引發的。她開始與基督分享她那次流產的記憶，並饒恕當年曾聲稱那是神的懲罰的信仰羣體，情緒因而不再那麼低落。

一名丈夫自我埋怨説，即使妻子在説好話，他仍然會刻意否定她。有一天，他發現自己反駁太太的行徑，竟像母親以前對待他的一樣。他懼怕太太會像母親一樣，不接受他的意見。在再次向妻子開放之先，他需要向基督傾訴他與母親之間的那些痛苦時刻。

當我們找到了最根本的記憶，要與主傾訴，就像革流巴和同伴在以馬忤斯的路上所作的一樣。耶穌並沒有因他們垂頭喪氣而出言斥責，祂倒不急於處理目下的情況，反而關心他們沮喪的原因。他們向基督説出耶路撒冷的所有景況、各自的感受和各人的遭遇（路二十四 13）。與基督傾談過後，他們不單從自己的角度，也從祂的角度看整件事。然而，最重要的是，他們像基督一樣，打從心底裏寬恕了，並得著醫治。他們不再愁眉不展，而是滿心火熱的上路。

就像那些以馬忤斯路上的人一樣，我們要向基督傾訴那驅使我們生出懼怕、罪疚、傷害而不回應祂的記憶。談及受傷害的記憶，聽來好像跟心理學沒有分別，沒錯，的確是這樣的一回事。

正如我們會用藥物和禱告醫治肉體，也在醫治懼怕、罪疚或傷害時，運用對心理有幫助的方法。當我們讓基督進入這些記憶，我們是要尋著那些需要從心底裏發出寬恕的事。

我們也許要留意那些與行為根源有關的記憶，若沒有發現，也毋須太刻意尋找，這不是一個尋尋覓覓的練習，而是容許聖靈指示祂願意醫治的那些痛苦記憶。聖靈有時會叫我們覺察自己何時第一次落入這困境，從而使我們看見那根源記憶；正如那婦人發現她的困境源於那次流產。有些時候，祂會讓我們看見自己那種沒有愛心的慣性舉止（如每次為友伴辦事就沒有耐性），或者祂會告訴我他人也同樣待我沒有愛心。無論何時何地，祂說話的時候，我們只要聆聽，讓祂指出那仍然轄制我們的記憶。

也許我們會害怕聖靈將一些早已埋葬、或將要下葬的記憶帶回來，這些記憶雖已下葬，無聲無息，但仍然腐蝕心靈，導致我們傷害基督。

我們檢視這些記憶時，是從一個新角度來看自己，我們比聖母憐子像美得多了。我們不是要從記憶看見自己的醜陋，而是要看見陶匠可將甚麼瑕疵重整。若覺察有傷害我們的記憶，讓我們為自我認識感謝聖靈；若沒有的話，就讓我們與基督分享任何痛苦的記憶吧！

就像以馬忤斯的客旅與基督談及耶路撒冷的事情一樣，我們與基督談論需要醫治的記憶。我們邀請祂進到那地方，認識那些人，並和祂一起聆聽他們說些甚麼。這並不是要訓練想像力。當我們為了更真摯地與基督同享一個處境，並與祂同感同行，再次回想這些人物、地方和事情，情況就跟默觀禱告異曲同工。

舉例說，那否定妻子的丈夫也許要在回憶中再感受母親的不斷糾正。或許要記起在某個大熱天他已告訴母親很熱，但她仍堅持他穿上厚厚的衛衣，以致被周圍的孩童嘲笑。他的話她一句也沒聽進耳裏，尤其是別的小孩稱他為「母親的心肝寶貝」，不與他一起踢球，著他回家玩洋娃娃的時候。憤怒與反叛驅使他不理睬母親和一切像她的人，包括他的妻子在內。所有這些傷害、憤怒、孤寂、反叛和反擊的衝動都要呈奉到基督面前，讓祂醫治。祂會聽見每一句話，即使是緊握雙拳時的嘀咕。

就像以馬忤斯的客旅所流露的失望，那位丈夫也表達了對母親和當時處境的感受。對我們而言，為著能夠從基督的眼睛看出有甚麼需要寬恕，向基督表達受傷害時的感受是重要的。

基督不只聆聽了那些客旅的感受，也同時回應了他們的需要。讓基督回應痛苦記憶中所缺欠的，正是讓祂完成醫治的過程。正如耶穌與那位丈夫同行，回到他的童年時，基督也許會脫去他那沈重的衛衣，向他和他的朋友打出全壘打；基督也許會告訴那小孩如何提起大人般的勇氣來面對母親的管教和寂寞；基督必定會以祂的話語和行動，進入那場景，拿去哀傷，並撫慰那痛徹心脾的傷口。

邪靈也許會常常引誘我們否認所有內心感受，如忿怒、哀傷和憂慮等，又或會叫我們在祈求基督回應之前，只粗略提及內心感受。然而，正如基督在以馬忤斯路上所作的，祂希望在回應之前，給我們所需要的時間接觸內心的情緒。忿怒及類似情緒本身並無好壞之分，這全在於我們如何處理這些情緒；一是容許情緒釋放我們，一是讓情緒封鎖我們。我們因收到告票而忿怒並沒有問題，但因此而遷怒警員就有偏差了。聖經在自然情感與道德行為之間有明確的提示，「生氣卻不要犯罪……」（弗四 26）

正視這些怨懟和挫敗感，能增加我們痊癒的可能性，因為如此就能對準及確定那些導致情緒產生的因素和處境，而懇求基督醫治這些痛苦回憶。這些處境一旦浮現，我們就能把憤恨或其他感受放在基督面前，從而體會祂的感受。

我記得一位信徒自摯友身故就疏遠神，這位朋友的死讓她確信神並不看顧人。在她與神復和之前，她發覺必須在「聖餐禮」坐在前排，忿怒地責備神，就好像詩人所作的一樣（詩二至十三篇）。

也許你會認為如此向基督發洩有點不當，但基督常常在禱告中向父神發出這種發自心底的呼求。在客西馬尼，基督向天父發出近乎絕望的呼喊，要求將苦難挪開，這是人「憂傷得幾乎要死」（可十四 35）的呼喊。

在死前一刻，祂終於呼喊：「我的神，我的神，祢為甚麼離棄我？」（可十五 34）。由於與自己心中的感受接上了，基督能從心底裏饒恕那強盜（路二十三 43）。惟有我們與心中的感受接上，我們才能像基督那樣去饒恕他人。

除了剖白他們的遭遇與感受之外，以馬忤斯路上的門徒也向基督訴說後果。拿撒勒人耶穌的死戳破了他們的盼望——偉大先知釋放以色列（路二十四 21）。我們同樣需要向基督承認痛苦記憶對自己及他人帶來的後果。我們告訴祂：「是的！我不喜歡這創傷，但我接受這後果，求祢給我力量去寬恕。」

我們作為基督徒，不單被呼召與基督分享記憶，也要像祂一樣寬恕，即使所面對的是我們的仇敵。門徒聆聽基督解釋真道時，他們也可以像祂一樣寬恕。看看基督如何在你痛苦記憶中寬恕你和其他人，祂工作的方式也許是祂的臨在、輕輕一觸、一瞥、一個要求或是一句話。基督不單帶領我們接納他人，並真真正正愛他們，像祂愛他們一樣。

討論問題

1. 痛苦記憶的根源可以藉著發問而尋見，如它開始的時間，它是否有一個重複的模式，我曾否被他人如此對待過？你能否想到另一些有助找到根源記憶的問題？

2. 基督如何醫治以馬忤斯路上的門徒呢（路二十四13~35）？你能否想像一些基督可能説過的話或做過的事，卻沒有記在聖經上的呢？

3. 忿怒是否有如痛苦，同是一個提醒你需要被醫治的信號？基督如何處理怒氣？

個人反省

1. 翻至第 99 頁，完成記憶治療正方形的頭兩個步驟。

2. 你會否進入一個與基督對話的場景，訴說心中所有的情緒——即使是忿怒？

3. 你的記憶是否有固定模式？

4. 你能否追溯其中一個痛苦記憶的起始點？

6. 寬恕痛苦記憶，以愛取代傷害

我曾與某個家庭共處，他們本是極度互相怨恨，竟在數分鐘後互相深深愛顧。當女兒告訴父母自己將於四個月內結婚，溝通就突然停止。他們知道她在經濟上未能成事，而且如果她愛他們的話，就應該住在家中並完成學業，更何況一個茅塞未開的十八歲少女根本不知情為何物。那女兒自辯說，她確知自己在戀愛，其他利弊均無關宏旨。

他們充滿火藥味的對話持續了數小時，過程中沒有人真正在聆聽。最後他們圍成一圈，父母為女兒禱告。禱告之後，雖然雙方都沒有讓步，但各人都感到家中每個人都互相深愛著。

他們所感受到的愛來自寬恕。他們不再心懷怨恨、蓄意的彼此傷害。相反，他們比過往更渴望能拉近彼此的關係。他們的寬恕促使他們說，即使沒有人改變主意，他們仍願傾聽和彼此相愛。傷害、怨恨和忿怒不再吞噬他們，負載著寬恕與愛的關切卻環繞著他們。

我們祈求聖靈把祂在那家庭所施行的奇事，也同樣作在我們的痛苦記憶之中。我們希望連根拔起那些驅使我們不仁地行事的傷痕、忿怒或怨恨。我們以神的愛去愛，因為聖靈已將祂的愛灌注我們心裏（羅五 5）。

藉著求聖靈根除所有傷痕，並栽種神寬恕的愛，我們的選擇是，不再作奴僕，要作自由人。我們向祂表示我們願意獻上那轄制我們的傷痛，並抓緊聖靈，讓祂的愛賜我們能力，好使我們自由地行事為人。

我們身為基督徒會不時受到基督的對質，要我們作出選擇，到底要享受聖靈所授予的自由，抑或繼續受奴役捆鎖（羅八 12；加五 1）。聖靈所賜的自由來自基督的死，祂藉著死把我們從罪和記憶的捆綁釋放出來（羅六 15）。選擇基督意味著我們向罪和痛苦的記憶死了，卻向基督活著（羅六 2）。

如果我們選擇基督，即是不再背負罪和過往的創傷一拐一拐前行，而是以一種截然不同的方式生活。在舊約時代，猶太人期望滿足眾多律法的要求，卻發現自己因著傷害和罪而癱瘓，無力實踐（羅七）。不過，新約卻把聖靈充沛及寬恕的愛傾注我們身上，不單向我們說明生活之道，更賜下生活力量（羅八）。在新約時代，聖靈把父神寬恕之愛吹進我們裏面。我們不再是不懂聆聽、只以口舌傷害人的奴隸；相反，我們變成自由人，能以基督的寬恕關懷跟我們說話的人。

雖然聖靈能即時挪去痛苦記憶的忿怒和怨恨，以及以愛去取代傷害，但祂是在我們願意寬恕、與祂同工時，才逐漸動工。我們與基督分享了過往的記憶，又感謝基督把這些記憶化成生命動力之後，我們要與聖靈合作，無條件交出痛苦的記憶。

我們要像基督般寬恕，而寬恕程度正好反映我們與基督同工、放下傷痕並以基督的愛來取代傷害的程度。每次基督施行天父的寬恕時，同時以天父的愛來醫治叫人癱瘓的、痛苦的記憶。

我曾以為像基督一樣去寬恕是很容易的事，我只要友善地說：「我原諒你。」跟著不再懷怨。我可以做到以上的事，但是鮮有像基督一樣隨時隨地、無條件地、徹底地饒恕。

基督從不計較代價，已準備隨時寬恕。祂願意在當事人尚未請求之前寬恕，即使會惹來褻瀆神的罪名，被羣眾亂石擲死，也在所不惜（路五 17~26）。祂極之渴求去寬恕，因而輕看自身安危，無論是面對著一羣要用石頭打死淫婦的怒漢，抑或那些以祂與放蕩可憎的撒瑪利亞婦人單獨傾談為恥的使徒（約八 1~11）。

基督那隨時的寬恕之情，驅使祂毫無條件地寬恕。那個十架旁強盜不需要任何事物證明他的愛，便得到一張天堂入場券（路二十三 39～43）。基督沒有先設定資格如：「如果你痛改前非，戒酒或道歉，我會寬恕你。」即使對方沒有改變，我們仍要寬恕他七十個七次，而不是七次（太十八 22）。基督如此愛人，不是因人配得，乃是因為祂能寬恕的債項不止五百元，而是五千元（路七 41）。

當改變沒有出現，基督仍專注於正面。即使掃羅逼害基督徒以致傷害基督，但是基督看見他尚未發揮的潛質，並呼召他作使徒保羅。有些時候，人正面的素質受無知限制，結果作惡多端。基督尋索的不是惡意而是無知；祂聲嘶力竭，不為痛苦，乃為寬恕（路二十三 34）。

當改變出現，基督會為此歡慶，無視傷痛。在浪子的故事中（路十五 11~32），那父親沒有執著所受的傷害，以致期待兒子道歉或認錯。他反而打斷了兒子的認罪計劃。那父親只看見兒子的成長，完全無視過往的傷害，他讓這個犯錯的兒子更添尊榮，以歡慶他的回歸，以及新的親密關係。

也許我們能寬恕，並視那些曾傷害我們的人如朋友。但是我們肯為他們死嗎？「人為朋友捨命，人的愛心沒有比這個大的。」（約十五 13）

> 為義人死，是少有的；為仁人死，或者有敢做的。
> 惟有基督在我們還作罪人的時候為我們死，神的
> 愛就在此向我們顯明了。（羅五 7~8）

但基督的愛不限於此，因祂不止一次，而是天天傾倒整個生命，「這是我立的血，為多人流出來，使罪得赦」（太二十六 28）。

我很少能像基督一樣去寬恕，因很少能像祂一樣誠實地回答這些問題：我是否準備不計代價地去寬恕？我是無條件地寬恕對方，抑或先看他有否改變，以及值得寬恕呢？我是否接納他裏面所有的好處，好使自己能盡力去原諒，並以愛回應（如藉著禱告、關懷等）那些曾傷害我的人？我能否像浪子的父親，不著眼所受的傷害，卻單單注目在彼此的成長與更新，進而歡慶和感恩呢？我能否邀請對方與我更親近，甚至比傷害發生前更親密呢？我願意為對方死嗎？我們知道

基督的答案。「你願意人怎樣待你，你就照樣對待他人」與「彼此饒恕，正如神在基督裏饒恕了你們一樣」（弗四 32）有天淵之別。

為了能像主饒恕我們一樣去饒恕他人，我們與主一起進入那痛苦的場景，並留心主說些甚麼、作些甚麼。當基督進入那記憶，祂不單以言語和觸摸醫治那些傷口，並且要醫治那些冒犯我們的人。

如此，那丈夫需要與基督一同回到過往，以回應他的母親，特別是在她管教和溺愛的時候。他將會看見基督微笑、擁抱或是握著他母親的手，與此同時，祂要醫治她那種因沒有安全感而要控制兒子的行為。那位丈夫漸漸能夠仿效基督，寬恕及觸摸母親，甚至與她交談。

若發覺仍然難以像基督那樣，藉著行動和說話表達寬恕，我們可藉著禱告和其他活動更深入發掘寬恕的功課。基督也許會漸漸帶領我們，以致我們更加憐憫那令我們痛苦的人。例如，祂也許會賜那丈夫力量致電母親、在下週探望她，以及在接著的一週邀約她晚餐。

我們行使寬恕的能力，很大程度取決於向怎樣的人開放，以及與他們分享的深度。若我們的對象願意隨時寬恕，並珍惜對方有如基督，分享就自然透徹，這樣我們會發覺表達基督的寬恕不太難。

除了我們回應他人的方式外，我們的禱告生活也會左右寬恕的難度和深度。除了為傷害我們的人禱告外，我們也祈求聖靈展示過往我們寬恕他人和被寬恕的歷史。在禱告中，聖靈同時能夠幫助我們活得更像基督（可十一 25；太十八

21；路二十三 39），並幫助我們察覺那冒犯者的一些好素質。這肯定會教人內心掙扎，因我們的不信任使我們不能欣賞他人。縱然對方一無可取，但我們仍須寬恕，因為天父叫日頭照好人，也照歹人（太五 44）。最後，我們向主訴說那痛苦的記憶，不過，我們這次嘗試以主的眼目看看有甚麼環境因素驅使他傷害我們；他是如何的反應得比我們強烈？

像基督一樣的寬恕他人，未必是即時的振奮經歷。我們常會發現自己與他人並無分別——與他們一樣憤怒地對待他們，一樣不願聆聽，因對方沒有聽我的——而真正困擾我們的是，我們竟也有同樣的軟弱。尼日利亞人傳神地描繪說：「當你用一隻手指指向人家的同時，已有三隻手指正指向自己。」我們將對別人的惱怒轉移到自己身上時，也許會更見沮喪。當我們能寬恕，且不過分惱怒傷害我們的人，我們會轉而多些責怪自己何以如此幼稚而過火、經不起傷害，以及錯過了幫助那傷害我們的人。一旦沮喪地發現自己是問題的部分，卻又不是解決方法的部分，我們就會有苦待和懲罰自己的欲望。我們面對的挑戰是，接受自己犯有傷害他人的罪，但是不以自虐告終，倒是因此向基督求寬恕，也為那些犯錯的人求赦免。

在基督受難的時候，很多人為著他們的軟弱沮喪。使徒躲在一塊，彼得帶淚逃命，猶大到外面找棵樹了結自己，那位悔改的強盜雖曾自責，卻至終尋求基督的寬恕。那些積極地持守盼望和尋索寬恕的人與基督更加親近。沮喪不是邀請我們依靠自己的能力，而是安歇在基督寬恕的擁抱之內。

或許，苦路的禱告和受難的記載，能讓我們了解基督如何渴望進入我們的黑暗，並願意不惜任何代價來寬恕我們。因為沮喪正是我們開始寬恕的記號，如果我們說「我願意」，基督是極之樂意寬恕我們的。

耶穌不計代價地分贈寬恕的恩賜，那麼，接受祂所賜的豐厚恩典與否，完全在乎我們的取向。無論我們棄絕多少的傷痛，讓神的愛取而代之，重要的是，我們必須記著，就是將那些回憶都交給十字架上的主，並祈求祂完成整個寬恕的過程，直至我們得著完全的寬恕為止，正如祂對悔改的強盜那樣（路二十三 39）。我們要預備自己，承認基督死在十字架上，以肩擔我們的重擔，我們最終也要準備順服主。

基督最能幫助我們寬恕自己和所有傷害我們的人，尤其是可以透過祂眼睛看那些傷害所帶來的祝福的時候。當以馬忤斯路上門徒聽到基督的解說，知道彌賽亞的死如何帶來新生，他們便可以棄絕傷痛。要尋索悲劇怎樣祝福生命，就如約瑟看見他的被賣為奴，是為了供應以色列人食物。同樣地，保羅看見亞當的悲劇帶來基督，以及十字架帶來復活。在寬恕之後，基督不是邀請我們即時洗去記憶，倒要與主同默想，直至我們能從祂的角度看那記憶，即使是教人癱瘓的回憶，也能叫人得著好處（羅八 28）。

討論問題

1. 基督曾否試過拒絕寬恕，直至人開始改變、認錯、受苦或答應不再犯罪為止？

2. 有甚麼會導致一個霸道的人發怒呢？有甚麼會使人霸道呢？

3. 一個人犯了罪後，怎可能與基督建立親密關係呢？你會告訴一個滿身罪污的人甚麼，好叫他接受他能求寬恕，並與基督建立更親密的關係？

4. 何謂「像基督一樣的寬恕」？你認為基督寬恕的時候會說甚麼和作甚麼，就像福音書作者路加在七章36至50節的故事所沒有記下的？

個人反省

1. 你甚麼時候最深切經歷他人的寬恕？當時你有甚麼感覺？

2. 你最有能力寬恕的是哪一次？當時你感受怎樣？

3. 翻到第99頁的記憶治療正方形，請完成第三個步驟：那人受著甚麼壓力，以致如此傷害你？

4. 請完成記憶治療正方形的第四個步驟。你是否像基督一樣隨時隨地和無條件地觸摸他，跟他說話？

5. 請完成第五個步驟。不能隨時隨地和無條件地寬恕，會有甚麼好處呢？

7. 為痛苦記憶感恩，以愛取代傷害

雖然我已採用記憶治療多年，因而向神、向鄰舍、向自己敞開，但直至去年才意識為此感恩的重要性。某次退修後，我正返回精神治療醫院工作途中，我突然醒悟感恩的重要性。我終於明白，死亡、孤寂、不公義會使人退修親近神；也會將我的病人帶到精神治療醫院；因為一些人覺得是祝福的事，另一些人卻認為是悲劇。[1]

一直以來，我在進行記憶治療之時，只是跟基督分享那些記憶，祈求祂挪去創傷，並以祂的愛來代替，但通常不見甚麼發生。那次退修後，我終於明白，假若我不單預備跟祂分享痛苦經歷，且能為之感謝，祂就會幫助我挪去創傷，並以愛替代。祂並不視我為無助者，卻在等候，直等到我能與祂同工。

雖然主有能力一下子就治癒記憶，但祂常是透過我們和按著我們的進度來作工。我們不會突然痊癒，反而通常隨著我們為記憶越發感謝，日漸得著改善。當基督伴隨我們由某階段進到另一階段，我們得著的醫治也隨之增加。開始時，我們告訴基督自己的遭遇實在是悲劇，繼而能說一切安好，最後甚至為之感恩。縱使那些事一度使我們遠離神，我們也感到欣慰，因為在萬事萬物中都有新的機會，可以與基督、鄰舍和自己合一（羅八 28）。雖然罪性殺害了基督，以馬忤斯客旅卻因基督慘死所帶來的復活生命而快樂。像他們一樣，當我們聆聽基督說出為悲慘記憶感恩的理由，我們就愈來愈得著醫治了。

沒有一個記憶是不能感謝的。[2] 如果我們能列出自己最重要的十項恩賜，然後回想這些恩賜在甚麼時候建立得最整全，我們便會驚訝地發現，在苦痛的時刻，自己竟有很大的成長。那父親會詫異，正當他極度痛心，他與出走的兒子關係反更形緊密；同樣，以馬忤斯路上等人心目中最灰暗日子，結果竟變成了與耶穌建立新關係的時候（路十五及二十四）。

即使我們知道自己的恩賜，但事情太接近我們時，感恩是困難的。我懷疑那父親在兒子回歸之前，或以馬忤斯路上等人在遇上基督之前能否感恩；約瑟因著自己被兄弟賣為奴而得著恩賜，我懷疑他可能需要幾個星期、幾個月，甚至許多年才能為此感恩（創四十五）。

若事件在不久前發生，難以感恩，可與基督回到類似情況，並尋找其中的成長。主前六世紀，以賽亞和猶大人被擄到巴比倫，遠離他們的聖殿和國土。為免猶大人失去盼望，以賽亞拿他們的光景與七百年前先祖在埃及的光景比較。那時，猶大人視埃及為奴的經歷為耶和華顯明信實、並幫助他們奠定大國基礎的時機。同樣，以賽亞挑戰這些被擄到巴比倫的人向前看，與耶和華並族人建立更深切的關係（賽四十一）。

我們懇求基督幫助我們為記憶感恩時，實際上是懇求祂幫助我們把視線從聖殿和失去的國土挪開，從而探索神促使我們向祂、鄰舍和自己開放的途徑。一個痛苦的記憶可幫助我們欣賞自己，看自己為神匠心獨運的傑作。這記憶可使我們像約瑟那樣，更多思想可以幫助他人的地方；它也可叫我們像以馬忤斯路上門徒那樣，重新認識神。這樣，我們便能配合基督，拔出那轄制我們的創傷，並栽種祂的愛。

我們日漸認識這痛苦記憶所建立的新觀點時，也就漸漸意識到自己是神的精心傑作。也許我們現在仍怯於發言，因為我們答錯，同學就笑起來。不過，這苦痛也許引領我們發展另一套溝通方法，例如寫作和繪畫；也許這使我在家獨處反省。通過認識我們的恩賜，我們會集中思想這記憶怎樣為我們創造新向度。

同學的嘲笑不單培育內在的新恩賜，也為我們與神的關係開闢了新路徑。也許沒有甚麼朋友，孤獨來到神面前，我們可成為靈裏貧窮的人。馬太福音五章八福講述的是，一個痛苦記憶帶給我們各種與神相遇的方式；那些記憶或者讓我們開竅，更全面了解基督，如祂被朋友厭棄的感受和孤單赴死的顛簸等。

走在死亡的路上，基督必然有被朋友全然摒棄的感受；但這種感覺使祂對有同樣經歷的人更加諒解。故此，祂對約翰、自己的母親、悔改的強盜滿懷憐憫，甚而設立主餐，好使我們不會有被棄絕的感覺。

基督將會向我們展示，痛苦記憶可如何幫助我們向他人敞開。試自問一下，我們受了某種傷害後，定會更在意自己會否以同樣方式傷害他人，又或者更能同情那些有相同困境的人。一位修女之所以能寬恕上級的嚴厲苛刻説話，只因能珍惜她憐憫的恩賜。她繼續發展這恩賜，所以她不會以苛刻言語傷害其他人。另一位曾經情緒低落多年的女士，能寬恕那使她陷入低潮的人，正因她明白到現在擁有的最大恩賜，就是有能力去認同和幫助沮喪的人。通過這些恩賜，基督賜予我們能力，以勝過那導致我們身不由己的本能。當我們愈來愈多為恩賜感恩，我們不再受著傷痛、忿怒和怨恨控制，反會轉而回應賜恩的「那一位」。

基督顯示了這些記憶怎樣使我們向神、鄰舍和自己敞開後，我們要祈求祂讓所有牽涉其中的人都能夠經歷成長。「人若看見弟兄犯了不至於死的罪，就當為他祈求，神必將生命賜給他。」（約壹五16上）

每一個悲慘記憶都提供一個感恩的機會，因為它編織了天父家庭故事的一部分。當一個家庭愈來愈像家庭，那些一度似是悲劇的事件，將成為生命成長的事件。當一家人重述故事，提及子女的成長，竟發現那多數是在失敗、忍受失望，或甚至離家出走後才出現的。

基督教的神與其他神祇最基本的分別是，祂呼召我們成為祂家庭成員。這個大家庭一起分享聖餐，聖餐出於逾越節的筵席，本是家庭事務。這大家庭的子女稱他們的神為「阿爸」（Abba），巴勒斯坦地區小孩就是這樣親密地稱呼父親的。[3]正如保羅説：「你們所受的，不是奴僕的心，仍舊害

怕；所受的，乃是兒子的心，因此我們呼叫：『阿爸！父！』」（羅八15）

當我們容讓基督向我們展示自身家庭故事的救贖片段，我們便能用天父一直看顧我們的目光來看自己的生命。當我們愈能活出家庭的本質，並欣賞家中的故事，就愈懂得珍惜祂醫治兒女的方式。當我們藉著感恩聯合起來，我們便成了一家人。

討論問題

1. 同樣的壓力（如死亡、疾病、任何損失）都能叫我們精神崩潰或重新領會神的愛。為甚麼有人視某些時刻為悲劇，另一些人則視之為成長的機會？

2. 對埃及的約瑟、以馬忤斯路上門徒和浪子來說，那看似悲劇的遭遇，卻成為成長的時間。這是「肥皂劇」、電視劇，抑或是人生真實寫照？

3. 一個悲劇，如摯友死亡，或病痛，怎樣可使人親近真我、神和鄰舍？有甚麼攔阻我們經歷這轉變？

個人反省

1. 寫下你十項恩賜。有哪幾項是在那些悲慘時刻建立的呢？

2. 翻開神愛的圓形和三角形（第 97 和 98 頁）。在悲劇中有沒有愛與被愛的經驗呢？為何這些悲劇叫你與神更親密，而非走進精神病院呢？

3. 看著記憶治療正方形（第 99 頁），你是否感到有人遇上同樣的創傷？有沒有發覺你正努力避免以自己受過的傷害去傷害他人？

4. 完成記憶治療正方形第六和七兩步驟。起碼找出你在創傷中五方面的成長。

8. 感謝神

無論別人甚麼時候遇上神，我們都預期當中有轉變。我們認識的人中，像那悔改的強盜和以馬忤斯路上的門徒，一旦遇上了主，就改變了。人們對這再委身的時刻有不同的描述，靈恩派常常稱之為聖靈的洗。

與聖靈的洗或其他再委身的情況一樣，記憶治療標誌著轉捩點。兩者都藉著當事人一模一樣的步驟帶來新生命，那就是悔改，注目於基督的愛，又祈求基督賜下能力去愛神、鄰舍和自己。我們閱讀以下的段落時，可看見一位朋友分享因著記憶治療而得的新生命，與此同時，我們也許可再次想起自己再度委身時經歷的新生命。

在記憶治療中，聖靈以平安和愛取代了記憶中的創傷，在在叫我們經歷祂的臨在。我們一度有忿怒、怨恨和失望的地方，現在都有著聖靈的恩賜（加五 22）。我們更敏感於聖靈的感受時，我們就能順著這些感受和客觀的聖經標準確立抉擇的指引。

> 醫治不單使我對以往的事，即使對今天的抉擇，也有著平安的經歷。我已學會依靠自己直覺的能力——當這些感受與我在記憶治療中所得著的平安和愛彼此對應，我就依循我的直覺。

當我們以記憶治療中的平安和愛作為選擇的基礎，便發覺自己對聖靈的指引更敏感。我們知道聖靈的同在，又以祂的感受作抉擇的參考時，也就愈來愈心靈敏銳，以致能在一切事物中尋找神。[2]

不單在抉擇的時候，連在悟性禱告的時候，神的臨在也許更形實在與親切。

> 有一些來自醫治的影響，與禱告有直接關係。記憶治療再一次給我耶穌臨在的感覺。當我用悟性禱告，我充滿了幽默感，能敏感察覺生活中不協調的部分，極之喜樂，以致笑了出來——這一切禱告的經歷都是新的。我同時較容易流淚，並能欣賞這些情緒恩賜。

與基督分享了我們的恩賜、過往記憶挑起的感受和寬恕之後，我們禱告時，與祂的關係更加親切。

這種與神關係親切的感覺，進一步塑造我們對自己的看法。

> 我很清楚自己的生命是滿有恩典的。我現在已沒

> 有那麼執著，並能享受生命的可愛之處。我不再無休止的工作，反倒渴望並有動力騰出更多時間來享受悠閒。在祂的臨在中安息，已成為我的座右銘。這賦予我心靈更廣闊的視野。

認識了我們的恩賜，和造物主的愛，我們不再強逼自己忙碌，也不用再自我證明甚麼。

醫治使我們不那麼重視自己在世的形象，反而使我們對神要求的任何降服形式有更快反應，即使那意味著貧窮、屈辱或其他苦楚。

> 醫治的恩典使我有能力承擔額外的苦楚。過往，除非能知道苦難的價值，否則，我介意受苦；找不著意義，就會沮喪，並不時有罪咎感。當祂呼召我在可能受苦的地方事奉，因著記憶治療的親身體驗，我不再那麼計較「為甚麼」要受苦，而是更加相信祂能像以前一樣，從苦難中孕育美善。

在醫治記憶時，即使身陷苦難、貧窮和羞辱，我們仍能經歷神的恩典。我們不再懼怕這些時刻，反而更能自由地跟隨基督到處去，不管富貴貧窮、成功失敗，因為我們在得時和不得時都經歷神的拯救（羅八 35~38）。

記憶治療不單叫我們對聖靈敏銳，驅使我們投向神、鄰舍和自己，也常常帶來身體的醫治。還記得蘇族人的棚屋嗎，人們不單向他人的心吹氣以除去抑鬱，或向嘴唇吹氣以致能說出話來，同時也向別人的前額吹氣以驅除頭痛。

與蘇族人一樣，基督徒相信寬恕所醫治的不僅是心理，也是肉體。正因為基督的赦免能叫癱瘓者再次行走，所以教會知道寬恕能使人回復身體健康（可二）。例如在病人傅油聖事（譯按：天主教七聖事之一，為有病者抹油禱告）中，教士宣告若有人欲得著身體的醫治，就需要別人的代禱，同時自己也必須認罪，這樣，他就會痊癒（雅五 13）。

根據查爾斯．梅（Charles Mayo）醫生的估計，靈性和心理因素在疾病中佔的比重約有百分之六十五至七十五不等。3 所以與妻子或雇員不和，也許會導致腸胃炎、潰瘍和心臟病。4 在我工作的精神病院，病人常患上潰瘍、心臟病、間歇性昏迷等病。他們開始記憶治療之後，這些病徵都會消失。與他人和自己和好的時候，我們生病的次數會減少，也快點康復。寬恕使我們關心自己和他人，很多時也使我們恢復健康。神定意要我們愛祂、愛自己和愛鄰舍。祂渴想醫治任何纏累我們心理和生理的疾病。

當心理和生理疾病使我們變得更自我中心，我們可以想像神呼籲我們尋求醫治、成為新造的人。

> 若有人在基督裏，他就是新造的人，舊事已過，都變成新的了。一切都是出於神；祂藉著基督使我們與祂和好，又將勸人與祂和好的職分賜給我們。（林後五 17~19）

我們接受祂醫治的方法時，這個新造的人的過程便開始。

因為知道自己是新造的人，我們可以與基督一同走向未來，並在日常生活想像自己已經痊癒。5 正如馬可福音說：「凡你們禱告祈求的，無論是甚麼，只要信是得著的，就必得著。」(可十一 24) 6 我們相信自己已擁有神醫治的能力，所以要消除疑慮，不讓它限制我們與神的醫治同工。

> 這樣的人不要想從主那裏得甚麼。心懷二意的人，
> 在他一切所行的路上都沒有定見。（雅一 7~8）

我們不會祈望醫治以預期的方式和時間臨到，因為基督比我們更認識和愛我們自己。我們必須祈求祂醫治的方法，而非以我們短視的方法來控制祂。真正的盼望是期望一切出於神自己，而不是以我設定的時空和方法來束縛祂。我們就像一個不斷向母親索求的小孩子，但對母親的愛絕非建基於母親的惟命是從。母親只按著所知的最好育兒方法來行事，而孩子也清楚知道。所以，我們只管與主走向未來，向祂展示信心，知道祂會用**祂的**方法醫治我們，漸漸引導我們從鄰舍和自己身上歸向祂。

歡慶往往伴隨著記憶的治療而來。約瑟擁著便雅憫痛哭；慈父宰了肥牛犢；路上客旅趕往使徒處慶祝。(創四十五 15；路十五 27，二十四 34) 我們得花時間與主一同慶賀，享受祂的同在、感謝祂使我們成為新造的人。

藉著為我們這些新造的人向祂感恩，我們宣告神真真正正寬恕了我們，以祂的方式帶來醫治。這正如靈恩派在靈洗，又或蘇族人在大汗淋漓時所經歷的一樣。當我們與神接觸，

又延伸祂的寬恕，我們惟一要作的，就是向祂祈求，那麼，我們就會得到進一步的醫治。

討論問題

1. 寬恕怎樣與大多數精神及肉體疾病有關？

2. 神已應許我們祈求就得醫治，不過卻是按祂的時間和方式。為甚麼祂有可能不依我們期望的時間和方式來醫治呢？

3. 若某人覺得神毫不愛他，又或因求醫治的禱告不蒙垂聽而覺得自己缺乏信心，你會告訴他甚麼？

4. 我們可否想像一些神醫治我們的可能性，以致放手容讓神施行醫治？曾有一段長時間沒有人可以打破四分鐘跑完一哩的紀錄，但一旦有人打破紀錄，就隨即有多人在四分鐘內跑完一哩。為甚麼？

個人反省

1. 神有否以更好的方式來回應你的禱告，甚至超乎你所想所求？

2. 你有否想像能做到某件事，結果做得比預期更加好的呢？

3. 如你為著主能夠醫治，深表謝意，嘗試求主醫治你和那些你曾傷害的人。請用一星期或以上的時間慢慢完成第 101 頁的記憶治療菱形。

9. 與其他記憶保持聯繫

得以脱離過往一個記憶的傷痕，就好像一筆五百元的債項已被勾消了一樣。我們向基督交出愈多記憶，祂取消的債項就不止五百元，可能是五千元或更多。正如基督指出的，那被免去五千元債項的，定然比那被免去五百元的更愛那恩人（路七 41）。

就如向基督交出我們的某個痛苦記憶一樣，我們向基督獻上其他記憶後，就能自由自在、全心全意地愛神、鄰舍和我自己。我們曾提出如何回到那些叫人癱瘓的記憶：回到不良習慣初次出現的時間，留意重複的行為模式，或回想那曾用相同方式對待我們的人。此外，回想某些人、説話或團體，都能幫助我們接上這些受傷的記憶。

細察這些從人而來的傷害時，一個丈夫也許會發覺，若他要停止頂撞自己的妻子，他必先要寬恕一直漠視自己的母親。他向基督交出無數涉及自己和母親的記憶之後，接著細察其他記憶，當中包括家庭成員、從前的老師、朋友，以及那些一度和他一同生活、工作的人。

有時一些字眼如拒絕、尷尬、懼怕、漠視、忿怒、忘恩負義，或閒言閒語，都會喚起一些我們未交出的回憶。「拒絕」一詞也許叫一位母親先要向基督交出很多記憶，才能日漸對兒子忍耐。

當個別人士或字眼較少喚起心中記憶，讓我們細察一下團體。我們參加與否的一些團體，諸如軍隊，學校，經濟、政治和宗教團體，都會帶給我們傷痕。還記得那婦人嗎，她寬恕了那聲稱她的流產為神的懲罰的信仰羣體之後，才有能力克服情緒低落。

有時基督要與我們同工去醫治特別的毛病，就如一個丈夫的衝動直言、一位母親的急躁，或一名婦人的情緒低落等。不過，祂有時會提出更全面的醫治，要我們與一切曾殘害我們的事物聯繫起來。

我們藉著交出自母腹至今所受過的傷害，以回應全面醫治的呼召；甚至回到母腹中，同感母親在壓力之下的賀爾蒙反應，經驗母親所受的相同傷痛。

我們可以用很多方式作全面醫治。我們也許可以將一生分為幾個階段，如兒童、青少年、成年等，然後抽一段時間，就當是一星期吧，不斷重尋孩童時的記憶；在另一個星期，可以用禱告的心細察青春期的記憶，甚至進入成年期。最重要的是，連根拔起那引起其他記憶的主記憶，並將它完全交給基督，這總比起膚淺地挑出很多記憶作醫治更有果效。這做法要求我們花時間面對每一個記憶，在其中與主同行，像祂那樣寬恕，甚至感謝。若然我們已細察了自小至今的生活，可以重頭再來一次，或花多點時間在某幾個特定時段。縱然有些記憶痊癒得較慢，但是，每次我們隨著主的步伐及腳蹤檢視回憶的時候，都必然得著更深入的治療。

我們回望整生的時候，會發現有些日子回憶稀少。當遇上這種情況，可求神挪開任何轄制著我們的傷害。縱然我們失憶，但我們的主卻記得我們所捱過的每一個艱苦時刻，甚至連母腹內的事也不例外（賽四十九 1；耶一 5；加一 15）。當我們尋不著那傷害，可懇求聖靈替我們禱告。

> 況且我們的軟弱有聖靈幫助，我們本不曉得當怎樣禱告，只是聖靈親自用說不出來的歎息替我們禱告。鑒察人心的，曉得聖靈的意思，因為聖靈照著神的旨意替聖徒祈求。（羅八 26~27）

當我們徹底追憶受傷的歷史，聖靈幫助我們將所有交到主的手中，因此，受傷的感覺便能孕育出愛，這愛甚為強烈，有如神的愛。我們不再依戀傷痕，也不再容許它來操縱我們；神的愛反而催逼我們，就像那蒙受極大寬恕的婦女一樣。

> 我告訴你，她許多的罪都赦免了，因為她的愛多；但那赦免少的，他的愛就少。（路十 47）

因著主如此大的寬恕與赦免，我們不得不容讓祂醫治一切阻礙我們與祂建立關係的事物。

討論問題

1. 當一個記憶得醫治，它有助其他記憶得醫治。你能舉出一個例子嗎？

2. 記憶就像大樹眾多的枝子，常會互相纏結，並且連於同一條主幹或主根。你如何發掘這些互相纏結的記憶？

3. 你會在甚麼時候尋求全面醫治，而非單單針對某一個記憶作局部醫治呢？

4. 有人花時間徹底醫治根源回憶，有人只是膚淺地瀏覽很多記憶，到底哪種方式較好呢？

個人反省

1. 翻到記憶治療正方形（第99頁）。有沒有一些人、團體或字眼令你想起另一個需要醫治的記憶？這記憶是否比其他記憶更接近你的根源記憶？開始醫治這個最接近根源記憶的記憶。

2. 寫下一張在兒童、青少年和成年等時期受傷害的清單。完成之後，花一小時開始全面醫治的禱告。若你發現一些重複的傷害模式，嘗試為那根源記憶求明確的醫治。

10. 記憶治療實錄

禱告就像是早上起牀——你知道必須起來，但總會拖延至最後一秒。若嗅到咖啡和煙肉的香味，或想及一些當天可能會發生的美好事物，你或許會容易一點起牀。如果你決定拒絕受以前的傷害束縛，並且站起來，與主在新的一天走一趟記憶治療之旅，前面數章已提及你可得到的益處。現在你只需多走一步——動手吧！

你可怎樣為記憶治療禱告呢？以下是一個父親的禱告。他發覺自己在辦公室很暴躁，非常難以享受自己的工作。[1]

I-II

「主耶穌，歡迎祢進入這個時代施行醫治。我願意把這刻交給祢，讓祢施行醫治。我特別請求祢醫治那些今天仍操縱我的陳年舊事，以致我將來愈來愈歸屬祢。

「主耶穌，幫助我與祢親密地走過我的往昔，以致祢甚麼時候想醫治，我都接受。即使我未能立刻看到果效，我相信祢無窮盡的能力可再次塑造、醫治我，因為祢愛我比我愛自己更多更深。感謝祢，因祢要醫治我，就好像祢醫治所有祈求的人一樣。

III

「當我漫步於我的過去，主，我看見祢一直向我施慈愛。主，我特別為那位第十一級老師感謝祢，他教曉我欣賞繪畫和寫作。感謝祢，因我能夠將這些恩賜傳遞給子女。我與孩子們親密了很多，只想為祢在這段關係中所施的醫治感謝祢。然而，我特別想與祢回到過去幾個星期，並讓我看見祢在這段時期的恩典和醫治。主，現在讓我安靜下來，當祢展示已賜給我的東西，讓我感謝祢。」

IV

「是的，主祢已經在多方面醫治了我，我接受這正是祢要更深入醫治我的徵兆，祢要醫治甚麼呢？主，請向我顯明祢要醫治的；我不想這只是一個自我旅程。在我回望過去幾星期時，請告訴我在哪兒不讓祢臨在。祢看見甚麼？

「當我與祢同行，看來在我失去耐性時，祢最不安。是的，就是在我似要失去平安、喜樂和順服的時候，祢就臨在了。主，我猜大多是在辦公室，特別是在文件堆積如山，我又不能說『不』的時候。祢說是嗎？有些想法驅使我努力工作和證明自己的價值。向誰證明呢？我自己、朋友，甚至是祢？

「那真是一個悲劇，主！我竟開始想要賺取祢的愛，向祢證明自己，因而要有所作為。我反而使自己和辦公室裏的人更難看祢為愛我們的神，因為當我愈想要證明自己，我所作的多是基於恐懼，而不是因著愛。

「主啊！我竟弄到這裏的人不能以祢的愛彼此愛顧。我在工作中發怒的時候，我知道怒氣會擴散，周圍的人都緊張不已，回到家裏已無力關顧家人。

「所以，主啊！我願付上任何代價，以求在這事上得著醫治，儘管這意味我不能晉升，或被視為怠惰，我仍願意得著醫治，不以工作來證明自己。

「主，感謝祢，祢已在我生命中不同範疇開始醫治。正如我所言，我發覺自己開始對孩子較有耐性，尤其是孩子在家大叫玩耍時。我甚至享受與他們一起耍樂，就像那晚的畫圖畫。總之，與他們一起的時候，我不覺得自己有很強烈傾向要證明甚麼。請繼續醫治，並醫治我生命中的其他關係，特別是與主，祢，以及那些與我共事的人。我情願享受祢的同在，多於與孩子一起。是的，我只想認識祢。」

V

「主啊，祢能看透我的過去，驅使我去證明自己的是甚麼呢？甚麼時候開始的？這欲望似乎已經跟隨我多年了。主，讓我們停下來細察這些歲月。當我們一起審視過去的日子，我看見在婚姻內、在高中的課外活動中，在教室、在父家與朋友嬉戲時，我都要向自己證明甚麼似的。那是不是一個重複的模式？我不能肯定自己，或他人不肯定我的時候，這傾向特別明顯。主，在我父母、朋友或同學令我覺得自己連兩毛錢也不值的時候，求祢接管這些時間。請進入這些時刻，挪去那些傷痛，並注入祢的愛。

「有甚麼時刻是祢特別想要醫治的呢？那傷口仍然未受護理和淌著血？主啊！那最刺心的傷口，就是那次父親只管看報紙，毫不理會我。幫助我與祢一起重演那片段，以致能將一切感受交給祢來醫治。我記起了，他從公司回來，跌坐在他的大紅椅中，拿起報紙，吩咐我到外面玩，好使他能享受片刻寧靜。我告訴他，我會安靜，卻在一分鐘後大叫大嚷起來，他則更嚴厲對我說：『胡鬧夠了，立即滾出去，我不會再說多一遍。』那的確嚇怕了我，他永不用多說一遍。

「我真想撕毀那份報紙，有一次甚至把它藏起來。他特別針對我大聲呼喝，我像在呼喊：『我不是惟一的一個啊！』我哭訴，因我是惟一一個凡事被斥責的。也許，就是從那時開始，我要向他和其他人證明自己，自此我覺得好受一點。主，讓我駐足一會，將自那時起至今埋在心底的所有感受，完全交託給祢。主啊！我很傷心。我需要父親，你可否像一位父親那樣觸摸我，跟我說話？」

VI

「好了，主，祢已掌握一切。幫助我與祢一起回到那處境，看看祢會做甚麼。祢像是向著我和父親微笑，祢看見事情的另一面？他為甚麼會這樣？我猜這和我如此行事為人的原因沒有兩樣，或許祖父也忽略他，我可以肯定父親在辦公室十分勤奮。試想一下，他每天在沒有空調的地方工作十小時，加上身體並不好。他必然是為著家庭拚命工作。主，幫助我停下來，看見祢在他身上所看到的好處，以及打擊他的壓力。

「主，讓我觀看，並了解祢向他說些甚麼。祢待他就像待那浪子——欣然愛他，盡祢一切所能，不計較他是否有改善，仍無條件地愛他。祢看他的軟弱為需要，顯示他需要更多關顧和愛眷，且不計代價——甚至甘於為他而死。即使是我，目前也沒法做到。主，幫助我重新經驗被寬恕的時刻，或寬恕他。到時會有甚麼感覺呢？幫助我停下來，與祢一起觸摸他，並向他說祢正要告訴他的話。我所不能說的，請替我說出來。」

VII

「感謝主，我獨自一人絕對沒法寬恕他。隨著寬恕，我有更深入的成長和醫治，我相信是有的，即使我因驕傲而視而不見。但那成長也是受傷的時候開始的，就如約瑟在埃及和浪子所遭遇的一樣。

「現在幫助我向祢感恩，我因傷痛而有了成長。祢如何通過這些傷痛讓我靠近真我、其他人和祢？我想，因著父親的忽略，我和母親更親密，也更努力去取悅父親。也許正就是這緣故，他也有一點點內疚，或者日後也曾嘗試親近我；感謝祢讓我從新朋友得著支持，其後更能在禱告中得著祢的支持；也許因曾受忽略，所以我現在特別留意兒女有沒有被忽略；在嘗試證明自己時，我培養了一些才華，感謝祢；特別要感謝的是，繪畫和寫作是我自覺有用的具體方式，我因而也能與孩子分享，使他們看見祢賜給他們的天分。主，我將要停下來，好讓祢助我看見祢藉這傷害賜我的其他恩典。為所有我可能永不會察覺的恩典感謝祢。」

VIII

「主，祢在我不懂得祈求的時候，已在我身上施行醫治。現在祢既已挪去那傷害，並以愛代替，那麼祢在未來還要做甚麼呢？我多多少少能夠看見祢過去如何愛我的父親。祢要我在將來怎樣愛他人呢？如我的老闆？讓我看見祢的方法，並求祢使我有能力按祢的方法去做。

「主啊，我現在更加明白祢將要怎樣與我同行。我仍看見辦公桌上堆積如山的文件，但我不再緊張，如咬緊牙關，以工作來證明自己。我想我甚至能向他微笑，接過另一疊文件。祢會接受那些工作嗎？抑或祢會讓他知道尚有其他工作還未完成，並詢問優先次序？我想祢會讓他知道事實——那些工作要四個人才能完成，我卻獨個兒承擔。這樣看來，部分原因是我從沒有告訴他工作過量。我想像我告訴他這個實況的時候，他好像很理解。主，這也許行得通，因祢必與我同在。主，幫助我説出祢會説的話，不要隨便了事，單求自我證明，沈默地接受工作直至負荷不來和憤憤不平。讓我停下來觀察祢怎樣過一天的辦公室生活、怎樣樂於與人共事和投入工作，而非單單把事情完成，然後歸家。」

IX

「主，雖在同一個處境，祢能成就的事卻更多。我們剛剛開創了新局面。祢渴想以醫治的大能全面接觸我的生命，所以請祢繼續讓我看見其他需要醫治的痛苦記憶。有甚麼人，不論是個人或羣體，曾傷害我？祢要我聽到甚麼扎心的説話？是誰傷害了我，以致我今天仍然傷害祢？在這祈禱過程中，祢已讓我意識到——我在婚姻、在高中課外活動、在教室證明自己。還有其他嗎？哪幾項創傷是最深的，以致要優先醫治？請把這些創傷帶進我心中，好使我再次經歷這寬恕的禱告，使當中的人和我得著醫治。為著今天的醫治獻上感謝，這醫治開啟了更多需要醫治的地方。」

11. 遇上障礙的時候

自這書初版面世十年以來，我們曾幫助的人，遠至阿拉斯加和新西蘭，他們都寬恕了最痛苦的記憶。有時，醫治在一夜之間就出現，有些則花上多個月。是甚麼造成這些分別呢？愈深的傷害通常需要愈長的時間作更深入寬恕。但是，我也見過一些很深的傷害，一夜之間就得著醫治；另一些人卻需要數個月的意志角力，以抹掉不深的傷痕。寬恕並非來自意志力量，而是出於聖靈的大能。二千年前，聖靈改變了那羣將自己關在閣樓的門徒，一夜之間，他們能向原先可能傷害他們的人傳道。今天耶穌仍然渴求向我們吹出同樣的寬恕的靈。

> 「願你們平安！父怎樣差遣了我，我也照樣差遣你們。」說了這話，就向他們吹一口氣，說：「你們受聖靈！你們赦免誰的罪，誰的罪就赦免了；

你們留下誰的罪，誰的罪就留下了。」（約二十21~23）

耶穌的應許是，我們承擔寬恕的使命時，平安就臨到。祂同時應許，聖靈會加添我們力量，讓我們能寬恕所有冒犯我們的傷害。

我們曾目睹聖靈賜予人極大的寬恕力量，甚至能寬恕最大的罪行——謀殺。在非洲，我們因著莎拉的寬恕而感動，她是黑人，來自游擊隊佔據的鄉村。一個鄰居舉報她丈夫，說他是政府的支持者，所以他倆都被囚禁。接著，那些游擊隊員開始強逼莎拉一同對她丈夫施以酷刑。他們當著她面用打穀木槌拷打他。當莎拉呼喊，求他們停止，他們給她一個選擇，一是繼續觀看，一是由她親自拷打。她知道她會打得比任何人都輕，所以開始輕輕地打他。但每當他們認為她打得不夠重，便會奪去槌子，重重地打她丈夫。在他們所容許的快慢和輕重之下，莎拉擊打在極度痛苦中嚎叫的丈夫。

此後，游擊隊員割下她丈夫臀部的肉，並命令她說：「除非你吃下這片肉，否則我們會殺死他。」莎拉知道他們殺人無數，她丈夫亦不會倖免，所以嘗試吃下那片肉，卻嘔吐得不能下嚥。他們果然手起刀落，當著她面殺了他，又對莎拉說：「我們怎樣殺死你丈夫，你都看見了。除非你用這刀把丈夫切成一塊一塊，否則，我們準備回村殺死所有支持他的朋友。你可以選擇，一是用這把刀切割丈夫屍體，一是我們用它來對付他的朋友。」為了拯救丈夫的朋友，她開始切割丈夫。她剖開至愛身體之際，再也承受不住，精神崩潰了。游擊隊員沒有照料她，反而放了她，讓她像野獸般四處遊蕩。

她到處流浪，最後被帶到一個專為饑民而設的營地。她被惡夢的恐懼所捆鎖，不能言語和進食。工作人員送她到另一羣難民那裏，讓他們為心中痛苦放聲宣洩。她聽見他們呼喊時，竟能叫喊出心中創痛，花了整天和其他人一起哭泣、呼喊。接著，工作人員帶他們到一個小組，與其他難民一起陳述各自的痛苦記憶。最後，她聽過其他酷刑故事後，知道他們會明白她的苦況，她首次訴說了自己的故事，甚至提及自己折磨丈夫至死時，她多麼痛恨自己。

那位組長以前也是難民，在她哭泣時抱著她，最後她說：「莎拉，你做這些事，完全因為你愛丈夫和他朋友。你這樣做，只想幫助他們避免更嚴重的暴行。你一定要寬恕自己，就像你丈夫已經寬恕了你，並耶穌寬恕了你一樣。很多人會為你丈夫報仇，在這之前，你必須和耶穌一起寬恕那個舉報者。你曾想制止暴行而肢解丈夫，但惟有寬恕才能終止暴行。你願意我們為你向耶穌祈求，好叫你能夠像耶穌那樣寬恕嗎？」

聽見這挑戰，莎拉尖聲喊叫，像是有把刀插在她身上。最後，她明白一個事實——她曾盡一切的努力去制止暴行，現在已不能靠著報復來完成。她痛哭，接著點點頭。隨後，他們分享聖經的應許，耶穌會在我們無力寬恕時幫助我們。他們選了一段分享的經文，當中提及耶穌有一次向那些被攻擊、又遭奪去一切的人所說的話。

只是我告訴你們這聽道的人，你們的仇敵，要**愛**

> 他！恨你們的，要**待**他**好**！咒詛你們的，要為他**祝福**！凌辱你們的，要為他**禱告**！有人打你這邊的臉，連那邊的臉也由他打。有人奪你的外衣，連裏衣也由他拿去。（路六 27~29）

跟著，其他難民告訴莎拉耶穌如何幫助他們實踐祂的寬恕四階（愛、善待、祝福和祈禱），以致能寬恕那些折磨他們的人。

最後，他們問：「莎拉，你是否願意我們懇求耶穌幫助你，就好像祂幫助我們一樣呢？」莎拉點頭，並放鬆緊握的拳頭。那些難民為莎拉禱告，求耶穌在她裏面與她同行，並幫助她寬恕她寬恕不了的。他們為莎拉祈求，求耶穌幫助她愛她的仇敵，善待、祝福他們，為他們禱告。後來，他們讓莎拉複述禱告內容，一次比一次更深切地與耶穌一起説：「父啊，赦免他們，因為他們所作的，他們不曉得。」起初，她的聲音顯得很空洞，因為她仍然記得那木槌聲和丈夫的嚎叫聲。不過，她接著看見另一個槌將釘釘進耶穌的手掌，而預期的叫喊，只有寬恕。因著她對丈夫的喊叫有深切體會，她知道耶穌的喊叫聲有多厲害，而祂願意寬恕的呼聲卻更真切。莎拉隨即讓耶穌將她的尖叫聲，轉化成祂為寬恕而發的真切痛苦呼聲。寬恕由頭腦的決定開始，但當下她已能悲愴地呼求寬恕。過了一星期，莎拉為了丈夫的葬禮回到自己的村莊，在喪禮上，她公開地寬恕了鄰舍。整條村也與莎拉同哭泣、同寬恕。由這天開始，平安隨著莎拉回歸這條村莊。

寬恕四階

這一切為甚麼會發生呢？我相信是因為莎拉靠著聖靈的力量，去寬恕她不能寬恕的，並且能活出那些難民介紹的寬恕四階。無論任何時間，那些被傷害的人嘗試和耶穌一起**愛**敵人、**善待**他們、**祝福**他們、為他們**祈禱**，寬恕的恩賜差不多隨時都會臨到——有時轉瞬之間，但有時日子較長，使有些人未必在一夜之間就改變得了，所以需要多些時間培養更深邃的憐恤。

第一步是**愛**你的仇敵。愛並非由溫暖的感覺開始，它純粹是選擇和耶穌一起寬恕，即使你未有寬恕的心，或對方不配得，或對方未請求。當釘插入耶穌的掌心，耶穌能感受到那痛楚，但祂喊叫出比痛楚更大的聲音：「父啊！赦免他們，因為他們所作的；他們不曉得。」（路二十三 34）耶穌痛恨罪惡（罪惡既折磨祂又褻瀆天父），但祂與父同在，決定寬恕那些罪人。耶穌先決定寬恕他們，祂沒有說：「我會寬恕他們，若他們……（懇求饒恕、先受一些苦、答應不再犯，或改變態度等等）。」寬恕是無條件的，不是因為補贖或配得與否，只因傷人者和受傷的兩方都需要得著醫治。

請留意，耶穌說愛你的**仇敵**。若我們太快嘗試寬恕傷害，卻未能體驗那足以使對方成為敵人的傷口有多深，我們只是嚥下忿怒，並且永遠無法知道所需要的寬恕有多大。此外，埋葬的忿怒會使我們待別人像仇敵，以致我們無法接近其他人，無法感受愛。我們的忿怒和仇恨（或任何其他情緒）一直得不著釋放，我們愛的情感和寬恕的能力也不能得著釋放[1]。舉例來說，莎拉之所以能去愛和寬恕，首先是因為有一羣關懷她的人，一起放聲喊叫，使她體驗到自己忿怒的程度。只有在這個經歷之後，她才能回到自己的社羣，公開寬恕那出賣她丈夫的人，以表達她對犯罪者的愛。我們很多時也許要先求耶穌賜下忿怒的情緒，然後才求祂賜下愛和寬恕的能力。

決定了去愛和寬恕之後，寬恕第二階是**善待**那些憎恨自己的人——甚至轉過另一邊面來，送出外衣和**裏衣**，又不求回報地借貸（路六9）。（在聖殿中耶穌並沒有轉過另一邊面來，因為無論何時何地，若是可行，當遏止罪行。〔約二13以下〕）為甚麼那樣強調行動呢？首先，因為我們的行為永遠比我們的說話有分量。人們知道耶穌寬恕，不是因為祂說了甚麼，而是因為祂與稅吏和罪人吃飯，以致不肯寬恕的法利賽人認為那是醜行。**善待**意即藉著行動，像耶穌一樣，嘗試愛罪人。如此，也許我們先要痛恨罪（正如耶穌指斥那些不肯寬恕的法利賽人的偽善），但歸根究柢，善待就是以愛心對待罪人（正如耶穌也和那些假冒為善的法利賽人一起吃喝；參路十一37~53）。如果我們未曾花時間與耶穌一同恨惡罪，就嘗試與人吃喝，那麼我們也許有時寬恕不了。第二方面，愛心行動會改變我們的心。我聽告解的時候，常會指派贖罪功課：「以愛與關懷，為那傷害你的人或某個像他/她的人作一件好事。」懺悔者回來時分享的，不止是寫了一封信、改善了不公平的環境，或烹調了一餐美食，更是他們被醫治的心。

耶穌幫助受傷心靈的第三步，是**祝福**虐待自己的人。「祝福」的拉丁原文是 *benedicere*，字面意思是「説美好的話」。我們仍然可以恨惡罪，有必要時指出惡行，但我們也受命去觀看美好事物。述説美好事物能改變他人，甚至我們自己。我認識一位一年級老師，每星期一都要所有學生寫下另一位同學的名字，並在那週觀察該同學的好行為。到了星期五，每人都報告被觀察者的好行為。他們的彼此肯定，培養出他們美好的素質；發掘他人好處的同時，也找到朋友。這位老師開始這個每週嘉許的「祝福」活動之前，要處理很多紀律問題，但現在幾乎不用費神。

除了嘗試在他人身上尋找優點外，「祝福」也包括找出使我們忿怒回應的假設。我們在行動和反應之間必然有著假設。例如，若有人在背後推了我一下，我會認為那人不尊重我，因而會很惱怒。但若我回頭看見一個瞎子手持杖在探路，便會憐憫他。一個紐約市的計劃邀請一些怒火中燒的公車司機看一齣電影，片中指出一些看來醉酒的人，其實是癲癇症患者，那些諸多要求的乘客很可能是精神病患者。如果現在有乘客大力按鐘五次，很多司機都會想：「他準是有病的。」如此憐憫便蓋過忿怒[2]。如果不是我的假設使然，他人不會令我生氣。我們不要假設他人意圖不軌以詛咒他人，反倒以尋找對方優點為前設；這樣，我們便能化忿怒為憐憫。有時，我們的假設也會成為自己的詛咒，正如我們想起測驗取得「F」時，就會惱怒地想：「我真是完全失敗，永遠不能畢業的了。」另一取得同樣成績的人會決定：「如果我認真預備下一次測驗，必定輕鬆取得好成績。」兩者的分別在於，前者將怒氣引導向人本身，後者將怒氣引向需要更正的惡習。我們應該恨惡罪和邪惡，卻要愛和祝福罪人和行惡者。

祝福他人之後，第四階就是為那些逼迫我們的人**禱告**。禱告比其他步驟更能使我們的心化為耶穌的心。寬恕始於抉擇，但始終有欠完全，除非我們的心與耶穌的心同和應，有著祂的慈憐。對猶太人來說，「『仁慈』（*chesedh*）意味有一種能力進入我們心內，直至我們能以他人眼睛察看事物，以他的心靈思想，並他的感覺來感受事物」[3]。我們為寬恕他人而祈禱時，通常會「穿上敵人的鞋子」（譯按：即站在敵人的位置）。我們求耶穌幫助我們變成對方，直至我們能感受到那人的傷痛和懼怕——那些驅使他傷害其他人的情緒。當我們變成另一個人，我們便能將那人的需要帶到耶穌面前，並經歷祂醫治的憐憫。在其他時候，就像莎拉的個案，我們可以用耶穌的禱告開始：「父啊！赦免他們，因為他們所作的他們不曉得。」與耶穌一起重複這禱告，直至每個字都像是耶穌在心裏面說出來的一樣。開始的時候，無論我們是代入那傷害者，或直接與耶穌一起為那人禱告，竅門在於以耶穌憐憫的心為心。我認識一位越南籍女士，她每晚凌晨三時起來禱告至六時。她求神洗清內心怨憤，並以耶穌的慈憐充滿她心。接著，她為那些摧毀她家園、殺害她家人朋友的共產黨員禱告。為甚麼？「若我們能像耶穌那樣禱告，他們終會改變。」一個與耶穌寬恕大愛同樣深邃的禱告，總是教人難以抗拒的。

你怎麼知道你已經被醫治呢？

當一個記憶得著醫治，會有三個徵兆：（一）嘗試與人復和，（二）有力量接觸和愛他人，（三）記憶充滿感恩。我們一旦被醫治，就能夠與人復和並伸出醫治之手。有一對夫婦因著胎兒來得不合時，整段婚姻都陷於狂風暴雨之中。孩子生下來就失聰，且愈來愈暴躁。五年後，耶穌修補了他們的婚姻，他們同時發現耶穌有能力醫治他們的記憶。所以他們決定在晚上一起按手在已熟睡的五歲大女兒身上，並且說：「在你已領受的愛，和那應當領受的愛之間，讓耶穌成為橋梁。」接著的九十個晚上，他們與耶穌一同告訴女兒，他們如何愛她。雖然改變來得很慢，但她的脾氣漸漸消失；九十晚之後，她的耳朵竟可以聽見聲音了。現在她能如常人一樣聽見聲音，也能聽到父母寵愛的聲音。

當我們漸漸被醫治，並意識自己竟如此受愛顧，我們已成了感恩的人——記憶被治療的徵兆。我們便看見甚麼是「神使萬事互相效力，叫愛神的人得益處」（羅八28）。我們的禱告若能充滿以下禱文一樣的感恩，我們就已經得著醫治。這段禱文是在雷文斯巴克（Ravensbruck）集中營找到的，有九萬二千名婦女和兒童在那裏遇難。這張字迹潦草的字條，是在一個小孩屍體旁發現的。

主，求祢不單顧念那些善心男女，也顧念那些心腸惡毒的；但不要單單記著他們加在我們身上的苦楚，也請記念我們所結的果子。我們為這苦難感謝——我們在這裏孕育了團結、忠誠、謙卑、勇氣、慷慨、偉大心靈。然而，他們來到審判台前時，讓這些果子成為他們的寬恕。

12. 與小鬼對話：記憶治療——每天十五分鐘

自帕朱朱（Pazuzu）在電影《驅魔人》（*Exorcist*）中演出後，其他鬼魔嫉妒不已，爭相公開亮相。其中一個稱為小鬼二號的，覺得他的同袍名不副實，在破毀靈魂的工作上毫無建樹，卻得到過分的讚譽。雖然小鬼二號的日程表是二十四小時都排滿活動的，教人欽羨不已，但他仍願意在火爐旁接受訪問，洋洋自得地揭示他怎樣阻礙人們尋求痛苦記憶的治療。因為採訪中一些窮兇極惡的語言會對尋求治療者有害，所以下文的採訪內容是經過審查刪剪的。

記者：雖然你出身鬼魔貴族，但你卻被指派去試探那些尋求記憶治療的人，可否透露箇中原因呢？

小鬼二號：是的，我為得著這任務驕傲。我們一直因著很多惡劣改變而驚駭。一個又一個基督徒藉著醫治痛苦記憶，寬恕曾傷害他們的人，他們都成了委身的基督徒。這釋放了一股破壞力量，他們因而能作好事；同時，新自由也出現了，我們豈能坐視不理。不過，我們也漸漸發展新戰略來對付這種治療。

記者：可否形容這些新手段？

小鬼二號：當然可以，這些手法出自緊急研究計劃R.W.G.，就是無神的再委身（Rededication Without God）。我們根本不會失敗，因為我們會讓他們相信，在重新委身的時刻，像聖靈的洗或這邪門東西——記憶治療，要不就一點功效都沒有，要不就一切都會完全改變。我們通常只需提示他們沒有果效，因為他們仍然跌倒、仍有禱告困難等。他們的每個錯失都證明一切不奏效。但假若這些錯失消失了的話，我們又會提醒他們不可能徹底改變過來，又或者他們最好先改變身邊那些犯錯纍纍的人。

只要他們上釣，我們就能緊緊鉤著他們，讓他們以為不會有任何改變，一是因為他們不完全，不配得神的恩惠；一是因他們缺乏信心。他們在其中一個情況下放棄神，我們都可以得著他們。他們永遠不會相信，治療可能已經發生了，以及需要多一點時間來發揮療效。可幸，我們的「敵人」總是逐漸施行醫治，好叫信徒不會驕傲，因此我們便能幫助他們忽略這種已經開始的、漸進而不顯著的治療過程。

記者：如果你們發覺治療已經開始，怎辦呢？

小鬼二號：若這不大可能的事發生了，第一階段措施就漸漸失效，那麼我們就嘗試第二階段。我們會使他們專注於他們所作的一切「進展」：他們能寬恕的人、他們在傷害中的成長、他們經歷的新自由、祈禱的進深，和生命中一切不對勁的事——萬一不省察，會進不了天國。接著，我們會暗示他們已徹底痊癒，再沒有理由每天進一步醫治傷痛記憶。這完全是「信心不足」。他們大可以**善用**時間做其他事——幫助他人、以其他方式禱告，或任何他們認為應該做的事。這可減少破壞，因為那不會帶來太透切的改變，卻提供更多可見果效——真是一個孕育驕傲和沮喪的完美溫牀。

記者：如果他們繼續醫治痛苦記憶呢？

小鬼二號：那麼我們就集中在**工作**方面。難道他們畢生都要不住禱告、專注於成長，並像基督一樣去饒恕？這手段對那些在禱告中耗盡、忘記休息和娛樂的人特別有效。假若他們不能忘記，我們便會提醒他們，他們虧負了基督的寬恕，這有助他們忘記。他們不是忘記了他們的努力，而是忘記了——基督已填補深淵，並「詛咒」他們進入天堂。

記者：有沒有一些人一直沒有上當，又沒有耗盡，且以簡單恆常的方式不斷醫治痛苦記憶。

小鬼二號：有！我們正永恆地研究如何摧毀一種令人討厭的

十五分鐘操練——名為每日記憶治療。我們曾嘗試稱之為每日良心省察（examen of consciousness），這使該操練變得既困難又複雜。它的確牢不可破，因為這種每日操練和痛苦記憶治療都同樣有威力無窮的步驟：為賜下的感謝、求神光照一個記憶的根源、為傷害基督而憂傷、像基督一樣寬恕、為從傷害而來的成長感謝、看見基督心目中的新行為。正因為它有六個步驟，我們肯定已找出它的破綻，並且已醞釀幾個針對每個步驟的惡毒手段。

記者：你們如何在第一步——為賜下的感謝——對付他們呢？

小鬼二號：感恩是難以破壞的，因它塗上了謙卑的色彩。所以我們幫助他們看所得的恩惠為自己的功勞，而非基督暗中的工作。我們容許他們問一些首要的問題：我今天有甚麼作得不錯呢？今天在甚麼時刻感到平安？但我們有一點要肯定，就是他們永不能把「我」，作為心靈深處的自我：基督——祂給予他們能力將靈魂歸向祂。若這招不管用，我們仍可以成功地使他們相信，為基督的作為感謝祂也是一種巧妙的驕傲和自誇形式。若他們要成為「良善」的信徒，當然不可驕傲。可幸的是，大部分人都有負面自我形象，會發覺這步驟難以實行，那麼我們就可以告訴他們，這步驟並不重要；與其浪費可貴的禱告時間，倒不如立刻開始下一步。

記者：對於已經進到第二步、正尋求有待治療的根源記憶的人，你們能否再次襲擊他們？

小鬼二號：當然能夠，我們已準備好幾個惡毒的攻擊。我們可以使他們專注於所**作的**是否正確，而忽略那些標誌仇敵心意的感受——平安、虛心和靈裏喜樂。我們努力使他們看見眾多的小成就，好使他們忽略那最需要治療的。若我們能分散他們的精力，使他們改善很多不同的事物，而非單單集中在一個範圍，我們就能征服他們。若他們不懂得求神幫助他們以基督的心腸來看自己，他們會更容易跌倒。我們竭盡所能來制止他們求問那傷害形成的時間，又或有否一重複的模式，以防他們尋見那根源記憶。若是他們硬要碰上那根源記憶——他們受傷或傷害他人的時刻，我們便以最有效果的情緒——忿怒，來淹沒他們。我們可以使他們對傷害他們的人生氣，或者因傷害他人而生自己的氣。無論怎樣，他們都不會有機會因著傷害自己或他人身上的基督而悔疚。

記者：如果他們找到根源的記憶，並且因著傷害了基督而開始悔疚，那怎樣辦？

小鬼二號：那通常不成問題，因為人們不太意識到忿怒之類的東西，怎樣從一個人傳到另一人。我們可以使他們認為傷害的只是一個人，而不是像連鎖反應一樣，一個傳一個地使多人受害。即使他們不信這套，我們仍可引導他們相信這樣完美的基督，只能活在天堂，一定不會在有缺點的人裏面，不管那是他們傷害的又或是傷害他們的人。要是他們那麼執著，又為著傷害了基督而悔疚，我們可用少許沮喪強化他們的憂傷，使他們放棄帶來改變的盼望。若他們仍盼望改變，我們則會提供一萬種以「熱心」包裝的改錯劑（一種高度機密合成劑，由驕傲、猜忌、嫉妒所混和）我們迅即再以一萬項失敗挫他們志氣。我們必須立即用這疑問：「我可以為我的改變作甚麼？」代替那危險的問題：「我怎樣傷害了基督？」假若我們反應遲緩，他們將會真正悔疚起來，並祈求基督幫助他們改變。只要他們看不見自己的罪有多深重，就仍然會相信自己有力量作出改變，而不需基督的幫助。抱歉，我要喝杯辣醬雞尾酒來提神，你要一杯嗎？

記者：不必了。有沒有人採取了那危險的下一步，求基督幫助施行寬恕？

小鬼二號：有一些，很少人能堅持下去，像基督一樣隨時隨地、完全地、無條件地寬恕。可幸的是，這些人像地獄中的冰塊那樣少之又少，他們大都是那些好讀聖經的笨蛋，竟接受那些瘋狂、英雄主義的想法，如甚麼寬恕七十個七次，甚或要為他人而死。我們毋須花太多唇舌就可以説服他們。這些都不過是戲劇式幻想，不是真實世界的以牙還牙、以眼還眼規律，人在其中的改造是透過監牢刑罰，而不是寬鬆、仁慈的法庭。若你真想要「幫助」一個人，你必須嚴厲對待他。棒下出孝子。只有窩囊的人才會饒恕七十個七次，甚至連七十個八次也接受下來。放心，像基督一樣完全寬恕的這種危險念頭，除了在聖經內，根本沒有踐行的地方，你知那只是另一個世代和文化的事——在我們文明時代裏根本不可能。就算他們渴望像基督一樣寬恕他人，我們還有辦法蒙蔽他們，就是讓他們看見，這些傷害他們的人，其實是因應生活的張力而犯事。他們永遠不能像基督那樣宣告：「父啊，赦免他們，因為他們所作的，他們不曉得。」幸運地，這只發生過一次。

記者：但你承認有些人仍然努力學效基督那樣的寬恕。你們如何阻止他們作出更大的寬恕——為傷害帶來的成長感謝神呢？

小鬼二號：到目前為止，這方面的煩惱不多，不過，我們也早有準備。我們的新聞工作者，已經成功發布消息：聖人是堅強的，與罪和失敗絕緣。有一個傢伙我們卻制止不了，他就是保羅。他居然直截了當的說：「我的能力是在人的軟弱上顯得完全。」（林後十二 9）不過，我們也引用聖經：「你們要完全，像你們的天父完全一樣。」但我們絕口不提他們的完全並非來自不斷的成功，而是基於從軟弱和罪惡的不斷回轉。軟弱往往逼使人更依靠我們的敵人，而少靠自己。在這種危險臨到之前，我們會使他們覺得，我們的仇敵會輕易寬恕一個欠五十的，卻絕不會寬恕一個欠五百的。但竟有些人明白，被赦免的罪債愈大，那仇敵就更能親近他們、愛他們。對這類人，我們又可以施以引誘，讓他們覺得是在佔神慈愛的便宜，所以他們不是真正悔疚並立志改變。這些陷阱都說得差不多了。

即使他們能看到隨著傷害而有的某些成長，我們可以限制他們所看見的成長。他們甚至想像不到自己已經可以代入受同樣傷害的人的世界，並且幫助他們。他們通常會祈求更多力量和饒恕，不過，即使他們頭上的光環已消失無蹤，我們也有方法使他們看見自己的光環。他們會更下苦工，並且認識新朋友，我們可使他們為此而驕傲。要他們把大有能力的問題：「基督要成就甚麼？」化成「我要成就甚麼？」，倒是輕而易舉。

記者：你們能夠設計這套邪惡的策略，果真是極盡地獄之能事。但是有少數人已經走到最後一步，能夠看見基督要他們在痊癒後怎樣行動，你們對此又有甚麼打算呢？

小鬼二號：即使他們已得著醫治——真正地寬恕，並為著從傷害而有的成長而感恩，也不代表我們完全失敗。沒有人知道他們到底是達成了自己的期望，抑或是那仇敵對他們的期望。惟一得悉這是否基督心意的方法，是藉祈禱尋求指引，並看看活出新行為樣式時是否有平安。大部分人都滿腦子計劃卻不禱告，所以他們全無威脅。我們可以給他們一個又一個穩操勝券的計劃，直到他們沖昏頭腦，沖向我們的火堆。我們卻要避免一些危險計劃，特別是那些涉及他人，或提供基督徒羣體支持的計劃。我們促使他們著眼於自己登峯造極的靈性，並以為無人可跟得上，在這高級階段幫上甚麼忙，於是他們會決定放棄這些羣體。

要他們不禱告，並不能平安地踐行心目中基督的期望，就有一點點困難。我們可以使他們認為平安就是情緒高漲，而非心境平和地遵行神的心意。我們會用同樣把戲對付那些有高峯經歷的人，如那些受靈浸或藉其他方式重新委身的人，他們在高潮過後，會奇怪熱情何以消褪；我們會告訴他們這完全是他們的錯，而不是自然反應，更不是那仇敵呼召他們到祂面前，放下一切感受。他們以為，只有神祕主義者在心靈的黑夜才會遇上這情況。

記者：那麼還有人能逃離魔掌嗎？

小鬼二號：只有極少數。不過我同袍帕朱朱在《驅魔人》的演出奪去了所有的讚譽。人人都怕他，豈不知他附著一個人的時候，我們已用試探抓著一千個了。但請保守祕密，我們寧願人怕鬼附而忽略試探。

記者：每日的痛苦記憶治療一直令你們不安，為甚麼還透露還擊的策略呢？

小鬼二號：我們希望試驗這項研究，從而作出改良。再者，我們一點也不擔心。沒有人會相信，在每天完結之前，只要短短十五分鐘，就可大有作為。每天的記憶治療並非無效，只是像基督教一樣，從沒有人真正相信而已。

討論問題

1. 小鬼二號和同黨既能幫助你看見錯失，也可助你看見頭頂的光環。他甚麼時候會用某個策略而非另一個呢？

2. 每天記憶治療的六個步驟是甚麼？

3. 小鬼二號用來對付以上每個步驟的策略是甚麼？你有甚麼不清楚的地方？

個人反省

1. 在這些策略中，撒但最常用哪一個來攻擊你？他哪一個策略最奏效呢？

2. 在未來一星期，嘗試以十五分鐘良心省察法醫治每天的傷害。

附　錄

與認罪有關的經文

1. **感謝** —— 基督為我作了甚麼（第三章）

弗五 20	——「凡事……常常感謝父神」
帖前五 18	——「凡事謝恩……」

2. **省察** —— 基督希望我得著甚麼醫治？（第四章）

太五 3~12	—— 具備八福的心態。
太五 13~16	—— 成為使徒，作世上的鹽和光。
太五 27~30	—— 要貞潔。
太五 38~48	—— 轉過那邊臉來，愛你的仇敵，為逼迫你的人禱告。
太六 5~15	—— 像主禱文那樣禱告。
太六 25~34	—— 像野地裏的百合花一樣信靠神。
太十六 24~28	—— 背起十字架，喪掉自己的生命。
太二十五 14~30	—— 要發展及使用恩賜。
路十 29~37	—— 成為好撒瑪利亞人。
林前十三 1~8	—— 要全心全意愛人。
加五 13~26	—— 以聖靈的果子取代私欲。
弗四 25~32	—— 遠離惡事。
西三 5~17	—— 棄絕惡事，實踐德行。
腓二 1~5	—— 先為別人著想。
雅二 14~23	—— 愛鄰舍和好行為。
雅三 1~12	—— 管理舌頭。
西三 18~21	—— 建立美滿家庭。

3. **憂傷** —— 我怎樣在自己和他人身上傷害了基督？（第四章）

太二十五 31~46	—— 漠視小子的需要，就是漠視基督。
西一 24	—— 基督仍然在教會內受苦，也為教

會受苦。

4. **醫治**—— 我為甚麼這樣對待基督呢？（第五章）

約十九 1~16 —— 彼拉多受著不安、政治野心、羣眾和懼怕左右。

約二十一 —— 彼得原本驕傲自誇，後來在基督的愛裏凡事信靠。

雅四 1~8 —— 罪來自私欲的爭鬥；要順服神。

5. **寬恕**—— 我可以像基督那樣寬恕嗎？（第六及第七章）

太六 12 —— 免我們的債，如同我們免了人的債。

太十八 21 —— 不是饒恕七次，而是七十個七次。

路十五 11~32 —— 正如那位慈父寬恕兒子一樣，要隨時隨地、毫無保留、無條件地寬恕；並為愛心的增長心存感恩。

路二十三 34 ——「父啊，赦免他們，因為他們所做的，他們不曉得。」

路七 36~50 —— 為得著新的力量去愛和成長而感恩。

雅五 15 —— 發自信心的禱告能救病人，連病人的罪也能得赦免。

約壹五 16 —— 為罪人禱告，神會賜那罪人生命。

6. **改變**—— 我如何運用基督所賜的能力為祂作工？（第八章）

路九 23 —— 若有人要跟從我，就當捨己，天天背起他的十字架來跟從我。

羅五 20 —— 只是罪在哪裏顯多，恩典就更顯多了。

羅八	——因著聖靈，生命得以更新。
西一 14	——在愛子裏得蒙救贖，罪過得以赦免。
約壹一 8~9	——我們若說自己無罪，便是自欺，真理不在我們心裏了。我們若認自己的罪，神是信實的、是公義的，必要赦免我們的罪，洗淨我們一切的不義。

認罪前的預備

1. **感謝**—— 基督為我成就了甚麼事？（第三章）

   我竭力做的是甚麼呢？我如何能靠著基督的幫助達致成功呢？自上一次認罪後，我有甚麼經歷是神的愛的表徵（人或事）呢？為甚麼事情可以順利發展（獲得休息、壓力減少、多了禱告、思想積極等）？

2. **省察**—— 仰望十字架，並自問：「我為基督做了甚麼事？」（第四章）

   我要做的是甚麼事呢？基督想怎樣進一步醫治我？我的弱點在哪裏——緊張的頻密程度、挫折感、無聊、傷害等？

   我對傷害的回應：

   驕傲——我何時看不到自己的真正價值，以致為他人而活，撒謊，論斷，不能聆聽，變得教條化或過敏，忽視他人的成功？

   我看到他人的甚麼錯失？我是否無視自己在當中所扮演的角色？

   我是否因心靈的邪惡，或自己的能力而驕傲才論斷人？

   貪婪——我在甚麼時候覺得一切金錢、財物、時間都是自己擁有的，而非神的恩賜？

   邪淫——我身體的哪部分仍沒有成為愛人的用具？

忿怒——我懼怕甚麼？憂慮甚麼？我怨恨他人嗎？難以寬恕他人嗎？

在失敗、張力和傷害過後，我有成長嗎？

我曾在甚麼時候變得被動，而非主動投身（例如：競爭、順從他人）？

我在甚麼時候會逃避麻煩的人物（例如：自我主義者、自怨自艾者、求助者）？

我是否面對忿怒，而非否認（例如胃病、笑容收斂）？

貪饕——我怎樣逃避不安？暴飲暴食、拚命看電視、進修和工作？

嫉妒——我是不是以批評他人來建立自己？他人被稱頌時，我是否悶悶不樂？

我是否輕看個人成就，以致需要他人提醒？

我是否只聽到他人的説話，抑或能共感他人的感受？

我有結識新朋友嗎？有結交麻煩人物嗎？

我對朋友誠信麼？對神呢？

懶惰——我是否為了過無憂無慮生活而不願冒險和犧牲？

我在甚麼事上變得因循，而非幹勁衝天？

我是否從過去汲取教訓、活在此時此刻，並計劃未來？

我是否花時間改善自己身心靈的狀況？

我在善行上有甚麼虧欠（肉身和靈性工夫）？

我怎樣忽略了所認識的家庭、社區和教會？

基督在我生命哪一時期顯得與平日不同？

3. **憂傷**—— 我怎樣在自己或他人身上傷害了基督？（第四章）上述哪一種情況最令我煩惱？它怎樣傷害我裏面的基督？他人身上的基督？這憂傷怎樣蔓延？
我之所以歉疚，是因為我或他人受到傷害，抑或是因為主也同樣受到傷害？你是否極之愧疚，甚至願意不惜代價？

4. **醫治**—— 我為甚麼如此對待基督？（第五章）
我是否感到不安、愧疚、懼怕、壓力、挫敗或敵意，又或嘗試掩飾這些感受？為甚麼我不能自拔？我從中得到甚麼呢（權力、知名度等）？我曾受過甚麼傷害，以致我這樣行事為人呢？當中是否有固定模式？甚麼時候開始的？我可以完全交託基督嗎？

5. **寬恕**—— 我可以像基督一樣寬恕嗎（第六章）
基督曾怎樣寬恕我呢（毫無條件、七十個七次、隨時隨地、完全地）？我可以將基督的寬恕延伸到那些傷害我的人身上嗎？我有否看見他們怎樣回應其他傷害或我的舉動？我是否極之願意寬恕他們，以致能從中發現美好的事物（例如同情傷害自己的人、更積極發奮、更信靠基督）？（第七章）我是否像基督一樣對待他們？我能說出基督會說的話嗎？

6. **改變**—— 我會為基督作甚麼？（第八章）

我是否真的相信我能比以往更接近基督（例如：我是否覺得自己像那浪子或悔改的強盜——約二十一；路七36~50；詩三十二和五十一）？基督會怎樣過我這生？我可以跟祂一模一樣過活嗎？有成功感嗎？為甚麼我要改變？我怎樣提醒自己改變（例如天天捨己、獎勵和禱告）？我可以提出補贖的方式嗎（例如寫信、探訪、問候、祈禱主題）？

醫治的屬靈操練
神愛的圓形

回顧你過去經歷愛和成長的時間（包括得意和失意的時間）。

1. 神曾藉著甚麼人愛你，並叫你成長，在下面的圓形中，寫下十個名字，並圈著每個名字。
2. 神曾藉著甚麼事件愛你，並叫你成長，在下面的圓形中，寫下十件事情（簡略），並用長方形圍著每件事情。
3. 花一段時間，為著神愛你的每一種方式感恩禱告。

分享神愛的三角形

回顧你過去曾付出愛並協助他人成長的片段。

1. 神曾藉著你愛甚麼人，並協助他人成長，在下面的三角形內，寫下十個名字，並圈著每個名字。
2. 神曾藉著甚麼事情，讓你叫他人成長，在下面的三角形內，寫下十件事情（簡略），並用長方形圍著每件事情。
3. 為著神讓你分享愛的不同方式感恩禱告；為著祂使用你身體的各部分感恩；為在你肉身和靈性上的工夫感謝神。
4. 在白紙列出清單，以顯示神曾使用你哪些才幹、長處和優點等，為此感謝祂。

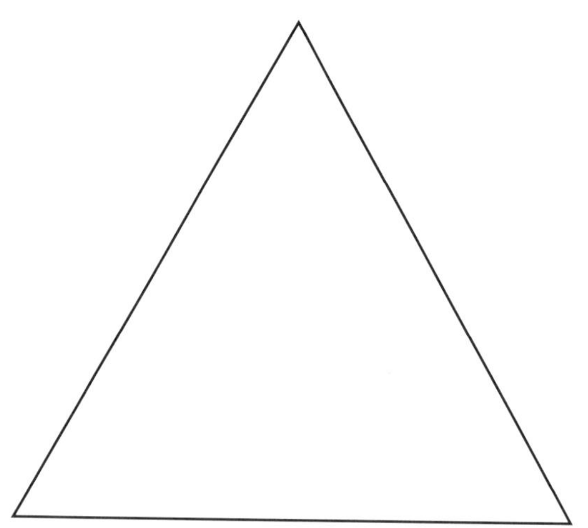

記憶治療正方形

通過禱告慢慢回顧你的過去，尋索那些你被傷害的片段。

1. 在正方形內寫下五個曾經傷害你的人的名字。（想一想那些你懼怕、逃避的人和無情論斷人的人。）
2. 圈著那些現在和你沒有關係的人，選出其中一個，告訴基督你的感覺。要誠實並毫無隱瞞。
3. 當你發現那人傷害你的原因，畫一條直線穿過他的名字（以顯示他面對的其他壓力）。
4. 當你覺得可以說出基督想說的話，在他的名字上加一條橫線。
5. 當你能看見自己也是問題的一部分，又能像基督寬恕你那樣寬恕自己，請在他名字上畫半個×（╲）
6. 當你能看到從傷害而來的好處（最少有五方面成長），完成那個×（×）。你能想到跟他復和的方法時，用一個三角形圍著他的名字。你已經開始寬恕他和你自己，且容讓神醫治這處境。
7. 為成長和治療的開始感謝基督。
8. 選取另一段傷痕，重複以上的過程（緊記在正方形內加上其他記憶）。尋找那可能更接近根源記憶的傷痕。
9. 在認罪禱告中將所有狀況交託基督，祈求祂寬恕，和醫治這些關係。

（見後頁正方形）

記憶治療菱形

回顧過去你傷害人的片段。

1. 在菱形中寫下五個你曾傷害的人的名字。
2. 圈著那些現今已很少接觸的人。
3. 選擇其中一人。告訴基督你傷害他時的感受。要真誠，將所有忿怒向基督盡情表露，以尋求醫治。
4. 當你能夠找到傷害他的原因，畫一條直線穿過他的名字（以顯明你不單因他才作出如此反應，其他壓力也是原因）。
5. 當你感到可以像基督寬恕你那樣寬恕自己和他，在他名字上畫一條橫線。懇求更深切的寬恕。
6. 當你能看到從傷害而來的好處（你和他都有成長），在他名字上畫上×。
7. 當你能想到與他復和的方法，用一個三角形圍著他名字。你已經開始寬恕他和自己，且容讓基督介入和施行醫治。
8. 為成長和醫治的開始感謝基督。
9. 在菱形中加入其他記憶，選另一段傷痕，重複以上程序。選出一個可能更接近根源記憶的傷痕。
10. 在認罪禱告中將所有處境交託基督，祈求祂寬恕，和醫治這些關係。

（見後頁菱形）

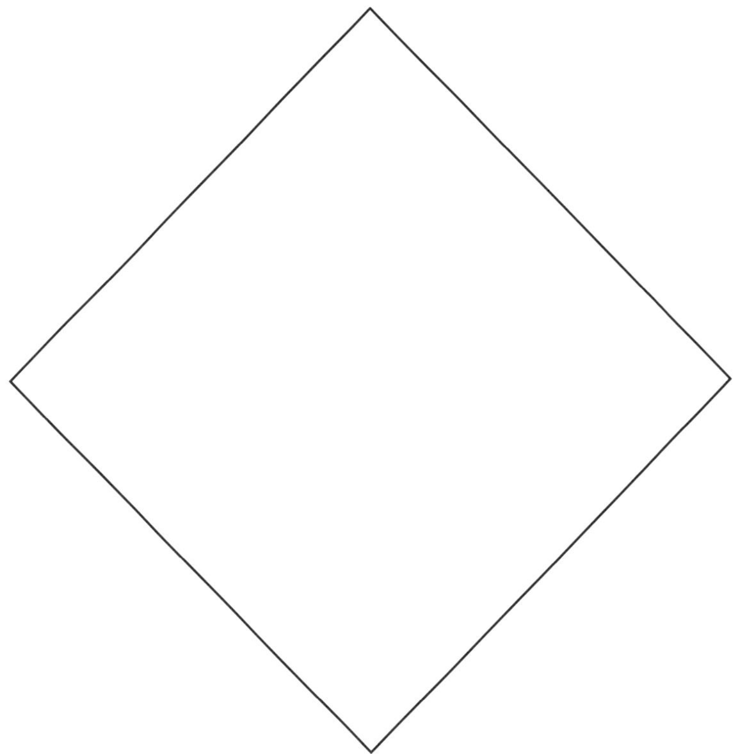

註 釋

導 言

1. Association of Christian Therapists, 3700 East Avenue, Rochester, N.Y.14618 *Journal of Christian Healing*, 103 Dudley Ave., Narberth, Pa. 19072.

第一章

1. 若要了解汗棚祭，請參 Ben Black Elk, *The Sacred Pipe*, Penguin Books, Baltimore, 1971, 頁 31~44。
2. 若要了解回憶治療的療法，參 Ted Dobson, *How To Pray for Spiritual Growth*, Paulist, N.Y., 1982; Matthew and Dennis Linn, *Healing Life's Hurts*, Paulist, N.Y., 1978; Matthew and Dennis Linn and Sheila Fabricant, *Prayer Course for Healing Life's Hurts*, Paulist, Ramsey, 1983; idem, *Praying with Another for Healing*, Paulist, Ramsey, 1984; Leanne Payne, *The Broken Image*, Cornerstone, Westchester, II., 1981; Agnes Sanford, *The Healing Light*, Logos, Plainfield, 1976; Barbara Shlemon, *Healing the Hidden Self*, Ave Maria, Notre Dame, 1982; Ruth Stapleton, *The Gift of Inner Healing*, Word Books, Waco, 1976.

第四章

1. Edward Schillebeeckx, *Christ, the Sacrament of the Encounter With God*, Sheed & Ward, New York, 1963. 若想稍為認識聖禮神學的最新發展，參 Monika Hellwig, *The Meaning of the Sacraments*, Pflaum, Dayton, Ohio, 1972.

第五章

1. 若想了解罪的根本因由，參 Michael Scanlon, *The Power in Penance*, Ave Maria Press, Notre Dame. 1972. 若要向基督坦誠分享情緒，參 Pierre Wolff, *May I Hate God?* Paulist, N.Y., 1979; Conrad Baars, *Feeling & Healing Your Emotions*, Logos, Plainfield, 1979.

第六章

1. 有關基督寬恕的治療，參 James Guillet, "Jesus and Sinners," in *The Consciousness of Christ*, Newman Press, New York, 1972. 浪子比喻中所表達的寬恕，參 Kenneth Bailey, *Poet and Peasant*, Eerdmans, N.Y., 1976, 第七章。

第七章

1. 若要深入了解怎樣由看死亡為悲劇，轉化為接納死亡的一連串步驟，參 Elizabeth Kubler Ross, *On Death and Dying*, Macmillan, New York, 1970.
2. 有關感謝在禱告中的角色，參 Merlin Carothers, *Prison to Praise*, Logos, Plainfield, N.J., 1970.
3. 聖經中有關家庭發展的主題，可參 David Stanley, *A Modern Scriptural Approach to the Spiritual Exercises*, Loyola Press, Chicago, 1967, 頁 245。

第八章

1. 有關靈恩運動的調查，參 Rene Laurentin, *Catholic Pentecostalism*, Image, Garden City, 1978. 有關聖經的傳統，請讀 George Montague, *The Holy Spirit: Growth of A Biblical*

Tradition, Paulist, N. Y., 1976. 有關靈浸的簡單解釋，參 Stephen Clark, *Baptized in the Spirit*, Dove, Pecos, N.M., 1970. 神學的解釋，參 Francis Sullivan, *Charisms and Charismatic Renewal*, Servant, Ann Arbor, 1982: Vincent Walsh, *A Key to Charismatic Renewal in the Catholic Church*, Abbey, St. Meinrad, 1974.

2. 有關在萬事萬物中尋見神的操練，請參 George Aschenbrenner, "Consciousness Examen," *Review for Religious*, 卷 31:1,1972年1月，頁 14~21。
3. 摘自 Eugene Selzer,"Sacraments and Healing," in *Hospital Progress*, 卷 54:10, 1973 年 10 月。
4. 有關治療的心因性（psychosomatic）角度，參 Morton Kelsey, "Body, Emotions and Healing," *Healing and Christianity*, Harper & Row, New York, 1973, 頁 243~277 。
5. 有關想像在醫治中所起的作用，參 Agnes Sanford, *The Healing Light*, Logos, Plainfield, 1976.
6. 這裏的內容是，我們不是單單按我們有限的欲望奉基督的名祈求，而是按祂心意祈求，參 Barbara Shlemon,"Prayer for Healing," *New Covenant*, 卷 3:5,1973 年 11 月，頁 8~10。

第十章

1. 編號旨在顯示孕育這些段落的思想的章號。

第十一章

1. Conrad Baars, *Feeling and Healing Your Emotions, Bridge*, Plainfield, 1979, 頁 191 及後，有關過早寬恕的危機。

2. Carol Travis, "Anger Defused," *Psychology Today*, 1982 年 11 月號，頁 35。

3. William Barclay, *The Daily Study Bible: St. Matthew*, Edinburgh: St. Andrew Press, 1975, I:103.

靈修著作精選

重整靈性生命，陶冶完善人格。

我們與（不）信的距離——默想聖經6個不完美的聖徒故事

黃嘉樑 著／HK$78

跟從耶穌，每一步都是歸心之路——盧雲給焦慮時代的6堂心靈課
Following Jesus: Finding Our Way Home in an Age of Anxiety

盧雲 (Henri J. M. Nouwen) 著／黃大業 譯／HK$78

祢已將哀哭變為跳舞——在時艱中尋找盼望
Turn My Mourning into Dancing: Finding Hope in Hard Times

盧雲 (Henri J. M. Nouwen) 著／黃大業 譯／HK$78

盧雲靈思集·生命中的蒙愛時刻
A Spirituality of Living

盧雲 (Henri J. M. Nouwen) 著／黃大業 譯／HK$58

盧雲靈思集·歸心，歸回上帝的時刻
A Spirituality of Homecoming

盧雲 (Henri J. M. Nouwen) 著／黃大業 譯／HK$58

盧雲靈思集·關顧，傷癒時刻
A Spirituality of Caregiving

盧雲 (Henri J. M. Nouwen) 著／黃大業 譯／HK$58

一花一天國——默觀的動念與操練
Just This: Prompts and Practices for Contemplation

羅爾 (Richard Rohr) 著／黃大業 譯／HK$78

詩篇心禱：用最真實的自己面對上帝——從詩篇學禱告的12堂課
Psalms: Prayers of the Heart (A LifeGuide Bible Study)

畢德生 (Eugene H. Peterson) 著／黃大業 譯／HK$78

佈道靈旅——52 天腓立比書靈修之旅

鄺偉志 著／HK$68

歸心祈禱——與上帝親密之旅

張琴惠 著／HK$83

歸心祈禱的操練——與上帝親密同行 40 天

Forty Days to a Closer Walk with God: The Practice of Centering Prayer

大衛．邁思勤（J. David Muyskens）著／陳群英 譯／HK$78

歸心祈禱的操練 2——更深地與上帝同行 40 天

Sacred Breath: Forty Days of Centering Prayer

大衛．邁思勤（J. David Muyskens）著／邱其玉 譯／HK$78

靈心明辨——在日常生活中體悟上帝的旨意

Discernment: Reading the Signs of Daily Life

盧雲（Henri J. M. Nouwen）、克理斯坦森（Michael J. Christensen）、萊爾德（Rebecca Laird）著／黃大業 譯／HK$98

感恩

Uncommon Gratitude: Alleluia For All That is

卓滌娜（Joan Chittister）、羅雲．威廉斯（Rowan Williams）著／陳恩明 譯／HK$83

信為何物——基督教信仰簡介

Tokens of Trust: An Introduction to Christian Belief

羅雲．威廉斯（Rowan Williams）著／陳恩明 譯／HK$78

禱告不是偽術——返璞歸真的祈禱

Prayers Plainly Spoken

侯活士（Stanley Hauerwas）著／禤智偉 譯／HK$68

當祂在十架上——與侯活士默想基督最後七言
Cross-Shattered Christ: Meditations on the Seven Last Words
侯活士（Stanley Hauerwas）著／紀榮智 譯／HK$58

敢於跟隨主
鄧瑞強 著／HK$58

與上帝同行的生命旅程
Living in the Companionship of God
簡．約翰遜（Jan Johnson）著／李小釧 譯／HK$68

凡事信靠：詩篇二十三篇
Trusting God for Everything: Psalm 23
簡．約翰遜（Jan Johnson）著／李小釧 譯／HK$68

復興，與你所想的不一樣——撒迦利亞書給這時代的 12 個信息
羅慶才 著／HK$68

禱告操練 7 堂課——學習主禱文
羅慶才 著／HK$68

生命成長 17 課——學習聖靈果子和八福
羅慶才 著／HK$68

敬虔操練 13 課
羅慶才 著／HK$68

我一直以為，人生是這樣走的——為生命重新導航
Breaking the Idols of Your Heart: How to Navigate the Temptations of Life
艾倫德（Dan B. Allender）、朗文（Tremper Longman III）著／李小釧 譯／HK$98

緊扣時代 服事教會

以文字傳揚基督真道

讀者意見表

衷心多謝你購買本社書籍。本社一直致力以出版事工服事教會，幫助信徒扎根於神的話語，促進靈命增長。為使我們的出版更能滿足你的需要，請填寫下列各項資料，並寄回或傳真予本社。

所購書籍：______________________

本書最吸引你的地方：

□作者 □適切性 □文筆 □設計 □實用性

□其他：______________________

購買本書地點：

□基道書樓 □基督教書店 □非基督教書店

性別：□男 □女 職業：______________

信仰：□基督徒 □非基督徒

年齡：□16歲或以下 □17～25歲 □26～35歲

□36～55歲 □56歲或以上

學歷：□中三或以下 □中五 □預科

□大學 □研究院

□我欲更多了解基道出版社的事工及考慮支持，請寄給我下列資料：

□機構簡介 □新書資料 □基道會員通訊

□《基道文字事工通訊》

姓名：______________ 電話：______________

地址：______________________

____

傳真：______________ 電子郵件：______________

其他意見：______________________

____

多謝賜教！

基道出版社

意見表可以傳真（2687-0281）或直接郵寄以下地址：

香港沙田火炭坳背灣街26號富騰工業中心1011室

基道出版社編輯部收